Peter O. Chotjewitz/Aldo De Jaco

Die Briganten

Aus dem Leben
süditalienischer Rebellen

Verlag Klaus Wagenbach   Berlin

Wagenbachs Taschenbücherei 19

Erzählt von Peter O. Chotjewitz aufgrund des Dokumentenbandes ›Il Brigantaggio Meridionale, Cronaca inedita dell'Unità d'Italia‹, den Aldo De Jaco 1969 bei Editori Riuniti, Rom, herausgegeben hat.
© 1976 Verlag Klaus Wagenbach, Berlin 3, Bamberger Straße 6
Satz: Georg Appl, Wemding
Druck: aprinta, Wemding
Bindung: Hans Klotz, Augsburg
Umschlag: Jürgen Holtfreter
Umbruch: Bernd Zimmer
Die Bilder auf den Seiten 30, 31, 32, 35: Bildarchiv Preußischer Kulturbesitz, Berlin
Printed in Germany. Alle Rechte vorbehalten
ISBN 3 8031 2019 5

Inhalt

WAGENBACHS TASCHENBÜCHEREI

In den sechziger Jahren des vorigen Jahrhunderts fand in Süditalien ein Krieg statt, ein grausamer Krieg, ohne Einhaltung des internationalen Rechts, ohne Kriegsgefangene, ohne Schützengräben und ohne Hinterland. Eine der beiden Armeen, die „richtige", in ordentlichen Uniformen und mit Offizieren von der Kadettenschule in Turin, hielt die Ortschaften besetzt – isoliert wie in einem fremden Land, von einer Bevölkerung umgeben, die eine unverständliche Sprache sprach, fremdartige Sitten hatte und fast immer einen Sohn oder Bruder besaß, der bei »denen« da oben in den Bergen hockte und sich gegen die Eindringlinge erhoben hatte. Dann und wann erfuhr die Garnison von einem Aufstand gegen die neue Regierung, die Regierung der Piemontesen, der Preußen Italiens, und durchstreifte auf den wenigen bekannten Wegen und Straßen das Land, um die Rebellion zu unterdrücken. Dann stieg von den Bergen die andere Armee herab, um sich ihnen entgegenzustellen – das schweigende Heer der Briganten. In den Dörfern und kleinen Städten flammten die Brände auf, die Rathäuser und Katasterämter (»unsere ewigen Feinde«, wie der Brigantenführer Carmine Crocco sie nannte) wurden verwüstet, die Villen und Gutshöfe der feinen Herren, die sich die ehemaligen Staats- und Kirchendomänen angeeignet hatten, in Brand gesteckt, Edelleute und reiche Patrizier entführt und Lösegelder erpreßt, in den Gemeinden wurden kurzlebige Verwaltungen eingesetzt, die dem gestürzten König des italienischen Südens Gehorsam zu leisten versprachen. Das alles endete mit der erneuten Einsetzung des Wappens der Piemontesen und der öffentlichen Hinrichtung und tagelangen Zurschaustellung gefangener Briganten – Männer mit verschlossenen Gesichtern und prächtigen Bärten, in Kleidern, die sie sich selbst aus Leder genäht hatten, und denen man ihre soziale Herkunft ansah.

Erstes Kapitel: Die Zerstörung von Casalduni und Pontelandolfo

1 Die Erlebnisse eines Offiziers der Bersaglieri

Carlo Melegari saß im Theater und bewunderte den herrlichen Zuschauerraum, die vergoldeten Logen, die schönen, eleganten Damen, und freute sich darauf, einen unvergeßlichen Theaterabend zu erleben, wie sie in diesem großartigen Opernhaus an der Tagesordnung waren.

Es war in Neapel, im August 1861, und Melegari, Offizier bei den Bersaglieri war abkommandiert, mit einem Bataillon der Nationalgarde und zwei Kanonen den königlichen Palast zu bewachen.

An diesem Abend jedoch hatte er, in der Überzeugung, daß nichts Wichtiges vorfallen würde, den dienstältesten Hauptmann gebeten, ihn zu vertreten und war ins nahegelegene Theater von San Carlo geeilt.

Das große und, wie er meinte, ausgezeichnete Orchester begann gerade die Instrumente zu stimmen, und der musikfreudige Bersagliere blickte hinab ins Parkett, da sah er einen Leutnant seines Bataillons, der den rechten Arm hob und ihm ein Zeichen gab, daß er ihn zu sprechen wünsche.

Melegari verließ seine Loge und begab sich ins Vestibül.

»General Cialdini erwartet Sie unverzüglich«, sagte der Leutnant.

Melegari zögerte nicht, traf aber den General Piola-Caselli statt des erwarteten Cialdini, als er die Wachstube betrat.

Der General, der Melegari nicht auf seinem Posten angetroffen hatte, sagte kühl: »Sie haben zweifellos von den schmerzlichen und nichtswürdigen Ereignissen in Casalduni und Pontelandolfo gehört.«

Casalduni und Pontelandolfo waren zwei Kleinstädte im süditalienischen Kampanien, etwa neunzig Kilometer nordöstlich von Neapel, in der heutigen Provinz Benevento.

Der General fuhr fort: »Also gut. General Cialdini befiehlt nicht, aber er wünscht sehr eindringlich, daß in diesen beiden Städten nicht ein Stein auf dem andern bleibt. Nehmen

Sie bitte zur Kenntnis, daß in Maddaloni eine menschliche Zusammenrottung stattgefunden hat, die einen Aufstand plant, daß in San Lupo der dortige Kommandant der Nationalgarde einige Steinbrüche besitzt, sowie eine Brücke gepachtet hat und daß deshalb ein großes Interesse daran besteht, die öffentliche Sicherheit und Ordnung in dieser Gegend wiederherzustellen.«

Maddaloni und San Lupo sind Ortschaften in der Nähe der einstigen Residenz der Könige »beider Sizilien« – Caserta –, dessen Palast auch Goethe schon bewundert hatte, keine 30 Kilometer nördlich von Neapel.

Der General fügte hinzu: »Sie erhalten die nötigen Informationen von dem erwähnten Kommandanten, aber vertrauen Sie ihm nicht zu sehr. Sie sind ermächtigt, jedes Mittel zu ergreifen, und denken Sie daran: Der General wünscht, daß unsere armen Soldaten gerächt und die zwei Städte in der ernsthaftesten Weise bestraft werden. Haben Sie mich verstanden?«
Melegari antwortete: »Mein General! Ich weiß, wie die Wünsche des Generals Cialdini zu interpretieren sind. Ich habe unter seinem Kommando am Feldzug auf der Krim 1859 teilgenommen und weiß deshalb aus eigener Erfahrung, wie der General über Befehl und Gehorsam denkt.«
Nach diesen Sätzen salutierte Melegari und kehrte ins Theater zurück, wo er, nach seinen eigenen Worten, »Gelegenheit hatte, noch zwei Akte der ›Hugenotten‹ sowie das große Ballett ›Die Weißen und die Schwarzen‹ zu genießen«. Was es mit den »armen Soldaten« auf sich hatte, werden wir später erörtern.

Es dämmerte, als das Bataillon vor Casalduni Aufstellung nahm. Melegari befahl, den Ort zu umzingeln, zu schießen, bis er Feuereinstellung anordnen würde, dann mit aufgepflanztem Bajonett durch die verschiedenen Stadttore im Laufschritt vorzurücken und sich fürs erste auf dem Hauptplatz nahe der Kirche zu sammeln.
Traurig läuteten die Kirchenglocken Sturm, und von den Türmen und Terrassen wurden nur wenige Schüsse erwidert, so daß Melegari sofort zum Angriff blasen ließ.

Doch auch im Ort stieß die Truppe kaum auf Gegenwehr. Die Straßen waren gähnend leer, und Grabesstille herrschte in den Häusern, wie Melegari verwundert feststellte. Einwohner und Briganten hatten sich beim Nahen der Truppe in die Berge, wenige Kilometer außerhalb der Ortschaft geflüchtet.

Melegari befahl, dieses Gebiet, in dem es von Menschen nur so wimmelte, abzuriegeln und ohne Warnung zu schießen, falls jemand sich der Stadt nähern sollte. Dann gab er Order, den Ort einzunehmen. Die Aufgabe fiel auf den Oberst der Nationalgarde, der etwa vierzig Mann zur Verfügung hatte. Die Beschreibung der nun folgenden Ereignisse stammt von Melegari selbst.

Endlich war der Augenblick der Rache für unsere Waffengenossen gekommen, der Augenblick der schrecklichen Züchtigung. Ich ließ die Offiziere der drei Kompanien, die sich auf dem Platz versammelt hatten, zu mir kommen und befahl, die Haustüren aufzubrechen und sämtliche Häuser anzuzünden, angefangen beim Haus des Bürgermeisters, das direkt am Platz lag, und bald schon stiegen dichte Rauchwolken auf zum Himmel und an vielen Stellen des Ortes begannen die Flammen zu lodern.

Am Haus des Bürgermeisters griffen die Flammen schon aus dem Erdgeschoß auf die höheren Stockwerke über, als einige Bersaglieri Lärm und Gewieher hörten. Sie liefen in den Stall und zogen zwei Pferde heraus, die vor Entsetzen halbverrückt waren. Andere durchsuchten das Obergeschoß und warfen bourbonische Fahnen aus den Fenstern, Uniformen, Brotrationen und Waffen und darunter auch die Gewehre mit den blutbefleckten weißen Riemen unserer armen Soldaten, die durch Verrat überwältigt und barbarisch hingemetzelt worden waren.

Ich fühlte, wie mir bei diesem Anblick das Blut vor Zorn in den Kopf stieg und die Vergeltung, die wir diesen grausamen und blutrünstigen Massen soeben bereiteten, erschien mir noch zu gering. Kurz darauf kam jedoch der Oberst zu mir und bat, mich barmherzigerweise darauf aufmerksam machen zu dürfen, daß nicht alle Einwohner von Casalduni schuldig geworden seien und daß es im Ort auch einige gute Italiener gegeben habe.

Melegari gab deshalb Befehl, an den Häusern, die von den Bersaglieri verschont bleiben sollten, jeweils einen seiner Leute zu postieren, im übrigen aber mit der Zerstörung der Stadt fortzufahren.

Dann war es Zeit, auch die Nachbarstadt anzugreifen: Pontelandolfo. Melegari wollte gerade Befehl zum Antreten und Abmaschieren geben, als er auf den Höhen, oberhalb der Ortschaft zwei Kompanien Bersaglieri und andere Truppen unter dem Befehl eines Offiziers Aufstellung nehmen sah. Es war Oberst Negri, der vom »Oberkommando« General Cialdinis Befehl erhalten hatte, gegen Pontelandolfo in der Weise vorzugehen wie Melegari gegen Casalduni.

Melegari hielt sich zum Eingreifen bereit, falls auch seine Truppen benötigt werden sollten, doch bald schon zeigten dichte Rauchwolken, daß auch für Pontelandolfo »die verdiente Vergeltung« begonnen hatte, während einige Bersaglieri in schnellem Lauf und unter großem Jubel einen Sergeanten anbrachten, der in Pontelandolfo gefangen gehalten worden war und den sie befreit hatten.

General Cialdini und sein Stab

2   Die »Reaktion« in Casalduni und Pontelandolfo

Ob und in welchem Maß Briganten an der »Reaktion« in den beiden Städten überhaupt beteiligt waren, steht nicht mit Sicherheit fest. Das ist verständlich, da, wie wir später noch sehen werden, die Grenzen zwischen Brigantentum und aufständischer Bevölkerung fließend waren.

Immerhin ging auch die Anklagebehörde des Appellationsgerichts Neapel in ihrem Anklageurteil vom 7. Juni 1864 davon aus, daß die Briganten nicht die alleinigen Urheber der Reaktion im Gebiet von Casalduni und Pontelandolfo waren. Danach gingen bereits im Juli 1861 »wesentliche Impulse« von den »bourbonischen Komitees« in Rom, Malta und Marseille aus.

Auch in Pontelandolfo selbst – so die Anklagebehörde – wurden *die leichtgläubigen Bauern und Arbeiter* dazu animiert, die Briganten wärmstens zu empfangen und die Angehörigen *der wohlhabenden Klassen durch Drohungen einzuschüchtern, so daß diese die Flucht ergriffen und dem massenhaften Ansturm der Aufrührer freie Bahn ließen.*

Weiter schreibt die Anklagebehörde:

Vor allem der Erzbischof beeinflußte die öffentliche Meinung in diesem Sinne, sei es in seinen Predigten auf der Kanzel, sei es in Gesprächen in privatem Kreise. Andere, nicht minder einflußreiche Personen bemühten sich ebenfalls, die Briganten zu stärken, indem sie denjenigen, die vom Tagelohn lebten, Versprechungen machten, und die arbeitslosen Soldaten davon überzeugten, sie hätten die Pflicht, für die gestürzten Bourbonen wieder zu den Waffen zu greifen.

Der Beginn der Reaktion in Pontelandolfo fiel mit dem Fest des heiligen Donato zusammen – einem großen, alljährlichen Volksfest, zu dem die Menschen von weither kamen.

Der Bürgermeister, offensichtlich ein Liberaler, hatte das Fest sicherheitshalber abgesagt.

Am ersten Tag, dem 6. August 1861, trat jedoch der Erzbischof auf den Platz und erklärte, es bestehe kein Grund, das Fest ausfallen zu lassen.

Er versicherte, die Briganten würden nicht von den Bergen herunterkommen, und falls sie doch kommen sollten, so brauchten sich höchstens die »galantuomini« – die reichen Herren – vor ihnen zu fürchten.

Sofort erhob sich das Gerücht, der Erzbischof stecke mit den Briganten unter einer Decke. Er habe ihrem Emissär abgeraten, schon am Vormittag in die Stadt zu kommen, angeblich um eine Panik unter den vielen fremden Gästen zu vermeiden, in Wirklichkeit aber, um erst noch die Spenden für den Heiligen zu kassieren. Es sei besser, erst gegen Abend zu kommen.

Ob begründet oder nicht: das Gerücht war nicht geeignet, die Stimmung in der Öffentlichkeit zu beruhigen, schreibt ein Zeitgenosse – offensichtlich auch er Liberaler.

Öffentlich beleidigte der Plebs die Liberalen. Der Bürgermeister war geflüchtet; geflüchtet auch die wenigen Herren. Der Kommandant der Nationalgarde hatte seine Leute alarmiert, aber nur 26 Männer hatten sich gemeldet und auch diese blaß und verängstigt. Noch am selben Abend lösten sie sich auf und der Nationalgarde blieb nichts als ein paar Offiziere. Ein angsteinflößender Alptraum lastete auf der Stadt; finstere Gerüchte zirkulierten; in der Luft lag der Ruch der Reaktion.

Der Aufstand von Pontelandolfo begann am 7. August 1861. Die Zeitangaben sind ungenau. Während die bereits erwähnte Anklagebehörde von der Zeit der Abendvesper spricht, verlegt der soeben zitierte Chronist das Ereignis auf 22 Uhr.

Auch die Bevölkerung, die sich den Briganten anschloß, wird unterschiedlich qualifiziert. Der Chronist nennt sie »Reaktionäre«, »Sympathisanten«, »Ängstliche« und »Indifferente«.

Die Anklagebehörde beschreibt die Ereignisse folgendermaßen:

Am 7. August kamen in Pontelandolfo mehr Menschen zusammen, als gewöhnlich, dennn man feierte das Fest des heiligen Donato mit den kirchlichen Riten und der Zelebration des Jubiläums außerhalb der Stadt. Um die Zeit der Vesperandacht schritt eine heilige Prozession durch die Straßen. Das war der Tag und der Augenblick, den die Bande und ihre Mitverschwörer im Inneren der Stadt für das Werk ihrer Reaktion vereinbart hatten. Die Bande strömte ein und mischte sich unter das Volk ohne auf Widerstand zu treffen, brachte Hochrufe aus auf Franz II. und bat die Diener der Kirche in verlogener Gottesfurcht, Gott zu danken für dieses Ereignis, das für sie so glücklich ausgegangen war.

Ihnen schlossen sich in überschäumender Festesfreude alle diejenigen an, die im Ort mit ihnen einverstanden waren und solche, die sich in Unkenntnis früherer derartiger Vorfälle etwas davon versprachen.
Nachdem die Bewegung auf diese Weise einen Anhang gewonnen hatte, begannen die Aufrührer eine Serie von Anschlägen zu verüben, die ganz deutlich den Charakter eines Attentats mit dem Ziel der Zerstörung der derzeitigen Regierung aufwiesen.

Die Wache wurde entwaffnet, die Nationalflagge mit Füßen getreten, das sabaudische Wappen mit Gewehrschüssen abgeschossen, und zertrümmert, die Archive des Gerichts und der Stadtverwaltung angezündet, das Büro der staatlichen Monopolverwaltung gestürmt, die Kasse ausgeraubt und die Waren geplündert, die Post überfallen und das Geld entwendet, der Postwagen beschädigt und das königliche Wappen zerstört, die Postpferde beschlagnahmt, die Gefängnisse aufgebrochen und die Gefangenen befreit.

Dem Aufstand von Pontelandolfo schloß Casalduni sich an. In der Anklageschrift heißt es darüber:
In den Nachmittagsstunden des 7. August 1861 erreichte die Nachricht vom Aufstand in Pontelandolfo, von der Ermordung des Michelangelo Perugini und der Brandstiftung das benachbarte Casalduni. Bald darauf kursierten alarmierende Gerüchte, die von einem baldigen Einzug der Briganten auch in Casalduni wissen wollten, so daß man plötzlich aus vielen Fenstern die bourbonische Flagge wehen sah. Alsdann vereinigten sich die Elenden, die die Sache angezettelt hatten, mit dem Plebs, liefen durch die Straßen und brachten Hochrufe auf Franz II. und Maria Sofia aus, versammelten sich mit aufrührerischen Hochrufen an der Wache, zertrümmerten die Türen, drangen ein, bemächtigten sich der Gewehre und Munition, die sie vorfanden, schlugen das sabaudische Wappen herunter, warfen alles hinaus auf die Straße, was sie vorfanden, und wandten sich dann dem Rathaus zu, wo sie alle dort

befindlichen Akten verbrennen wollten, doch da man sie
überredete, davon abzulassen, verzichteten sie auf ihr Vor-
haben.

Namens Franz II. ließ Bürgermeister Orsini im ganzen Ort
die Entwaffnung der »Herren« und der Nationalgarde be-
kanntmachen. Die Aufständischen zogen daraufhin zu den
Häusern der Großgrundbesitzer und nahmen ihnen Waffen
und Munition weg. Der größte Teil der Aufrührer versam-
melte sich vor dem Brunnen, nicht weit vom Polizeirevier,
und beschloß, die Häuser der Reichen zu plündern. Sie hätten
ihren Plan auch ausgeführt, wenn sie nicht von anderen ein-
flußreichen Mitbürgern davon abgehalten worden wären.

Am anderen Morgen, dem 8. August, versammelten sich die
Aufrührer wiederum, bewaffnet mit Flinten, Äxten, Keulen
und anderen Instrumenten, alle mit einem leeren Sack, und
warteten auf das Signal zur Plünderung der Häuser der Rei-
chen, das gleich nach dem Eintreffen der Briganten aus
Pontelandolfo gegeben werden sollte.

Aber auch an den folgenden Tagen kam kein Brigant nach
Casalduni. Der Volkszorn richtete sich nun gegen einen
gewissen De Angelis. Unter Schimpf und Schande wurde er
herbeigeschleppt, als Anhänger Garibaldis bezeichnet und
ins Gefängnis geworfen. Später brachte man ihn nach
Pontelandolfo, um ihn Prinz Ludwig von Bourbon zum Ge-
schenk zu machen, der sich angeblich zusammen mit dem
bourbonischen General Bosco in den Bergen aufhielt. Es
gelang dem Gefangenen zu fliehen, aber schon wenig später
wurde er aufgespürt und erschossen.
Sieben Tage dauerte die Reaktion in Pontelandolfo, Casalduni und den umliegenden Dörfern. Dann rückte unser
Musikfreund Melegari an, am 14. August, und nach Pontelandolfo zogen die Einheiten des Oberst Negri, doch zuvor
passierte noch das Ereignis mit den »armen Soldaten«, von
denen ebenfalls schon die Rede gewesen ist.

3 Die »armen Soldaten«

Die militärische Lage im Gebiet von Pontelandolfo und

Casalduni war kritisch. Die Existenz einer großen Gruppe Briganten in den Bergen war bekannt. Die vorwiegend aus unerhört armen, landlosen Bauern bestehende Bevölkerung wartete nur auf den Aufstand. Die Nationalgarde war demgegenüber völlig unzureichend, die wenigen regierungstreuen Liberalen waren verängstigt, entwaffnet, schutzlos und ständigen Bedrohungen ausgesetzt. Der Provinzgouverneur wurde um rasche militärische Hilfe gebeten.

Am 3. August 1861 kam der ehemalige Oberst der Garibaldiner, Giuseppe De Marco, mit 200 Mann der Nationalgarde nach Pontelandolfo. Tags darauf bereits schickte er Kuriere in die umliegenden Ortschaften und forderte weitere Truppen an.
Es scheint, daß De Marco wenig Neigung hatte, in einer so gefährlichen Gegend zu bleiben und seine Truppe aufs Spiel zu setzen.
Der Bürgermeister von Pontelandolfo und der Kommandant der dortigen Nationalgarde wurden jedenfalls bei ihm vorstellig und baten ihn eindringlich, bei ihnen zu bleiben.
De Marco antwortete daraufhin, er wolle gerne bleiben, aber seine Soldaten hätten nicht einmal Brot.
Weder die Stadtverwaltungen der Gegend, noch Privatleute seien bereit, die Truppe zu verpflegen.
So triumphierte, schreibt ein Chronist, *die düstere Arbeit des Erzbischofs!,* und er fährt fort: *Schwankend zwischen den Bedürfnissen seiner Soldaten und dem Zustand der öffentlichen Meinung, ängstlich auch angesichts eines Aufruhrs, den er nicht würde unterdrücken können, zog De Marco mit seinen Leuten am 5. August 1861 wieder ab.*

Vergeblich verlangte man neue Truppen. Vergeblich wies man auf die besorgniserregende Situation hin: die weit verstreut lebende Bevölkerung, die geringe Disziplin der örtlichen Ordnungskräfte, die heftige und haßerfüllte Propaganda der bourbonischen Elemente.
Zwei Drittel der lokalen Nationalgarde, bestehend aus Elementen, die auf dem Land lebten, wurden von den Briganten entwaffnet. Das dritte Drittel zitterte vor Angst angesichts des Schicksals, das ihre Waffenbrüder erlitten hatten, und der Verlassenheit, in der die Ortschaften schwebten.

Bestürzung ergriff die zivilisierten Kreise: Die besten unter ihnen flüchteten, und von dem Augenblick an war die Stadt ihrem traurigen Ende anheimgegeben.

Doch noch war es nicht soweit.

Am 11. August 1861 setzten die Behörden von Campobasso am Südrand der Abruzzen, zu deren Provinz Pontelandolfo damals gehörte, 45 Soldaten unter dem Kommando von Leutnant Luigi Augusto Bracci sowie vier Carabinieri in Bewegung, um die Rebellionen im Gebiet von Pontelandolfo niederzuschlagen.

Es war ein »Himmelfahrtskommando«. Nachdem 200 Mann vor dem Aufruhr geflüchtet waren, sollten 45 ihn nun bekämpfen.

Das konnte nicht gutgehen.

Es war ein Sonntag, und in Pontelandolfo sah man die 45 Soldaten schon von weither kommen.

Zunächst lagerten die Soldaten im Garten, der den Perugini-Turm umgab, stellten Wachen auf und ließen sich Brot und Wein bringen.

Dann hörte man Gewehrschüsse, und eine Wache meldete, eine große Masse Bauern habe begonnen, das Gebiet zu umstellen. Ein Gerücht besagt, daß diese Meldung von einem gewissen Golino gestammt habe, der die Soldaten lediglich dazu veranlassen wollte, den Ort zu verlassen, an dem sie einigermaßen sicher waren.

Wild um sich schießend durchbrachen die Soldaten die vermeintliche Einkesselung und flüchteten erst hierhin, dann dahin, in der Annahme, die Briganten seien ihnen schon auf den Fersen. Das war ihr Fehler.

Männer, Frauen und Kinder folgten ihnen auf die umliegenden Hügel, schreibt ein Chronist, *und schrien ununterbrochen Alarm!*
Alle dachten, die Piemontesen flüchteten aus Angst vor den Soldaten Franz II., und der Glaube, die Piemontesen seien feige, stachelte die Gemüter zu noch größerer Grausamkeit auf. Die Menge, die vorwiegend aus Frauen bestand, schrie, wobei sie wild die Arme bewegten, und der zuvor erwähnte Pistacchio äußerte später, er habe den Eindruck gehabt, vor

allem die Frauen, die alle zum übelsten Abschaum der Stadt gehörten, wollten die Briganten dadurch auf die flüchtenden Soldaten aufmerksam machen.

Wie eine Welle pflanzten sich die Schreie von einem Hügel zum nächsten fort, und immer mehr Leute strömten aus den verschiedenen Ortschaften und Gehöften herbei.
Die Soldaten, die sich jetzt auf der Straße befanden, die um die Hügel herumläuft, sahen sich einer Menschenmasse gegenüber, die ihnen zahlenmäßig weit überlegen war. Entsetzt, betäubt von dem fortgesetzten Geschrei und vielleicht auch mit wenig militärischer Energie geführt, wandten sie sich nach Casalduni, in der Hoffnung, in einen befreundeten Ort zu kommen, wo man sie im schlimmsten Falle gefangennehmen würde.
Sie waren kaum einige Wegbiegungen weit gelaufen, als die Glocken von Casalduni Sturm zu läuten begannen.

Damit begann das Massaker: Zwei wurden auf einem Bauernhof in unmittelbarer Nähe hingeschlachtet, der Offizier direkt auf der Straße.
Die anderen legten die Waffen nieder und wurden auf die Wache nach Casalduni gebracht, wo sich bald eine Menschenmenge ansammelte, auch Leute aus Pontelandolfo.
Hier baten die Soldaten, die Beichte ablegen zu dürfen. Die Antwort war: nein! Die Briganten von Casalduni und einige von Pontelandolfo beratschlagten und beschlossen, die Unglücklichen zu ermorden. Einige ehemalige Soldaten waren dagegen, doch Angelo Pica und Pellegrino Meoline wollten das Massaker, damit die Soldaten nicht dazu beitragen konnten, die piemontesische Truppe zu verstärken, wie es in Gioia del Colle geschehen war.

Es war 22 Uhr 30. Mit Gewehrkolben und Beilen wurden die Soldaten erschlagen, mit Sensen, Sicheln, Hacken und sogar mit Steinen. Ein Piemontese stellte sich tot und lag bis drei Uhr morgens unter den Kadavern seiner Kameraden versteckt. Dann flüchtete er nach Campolattaro, wo er, trotz erbitterter Gegenwehr, von anderen Briganten überwältigt, getötet und begraben wurde.

17

Unklar ist dennoch, warum die Soldaten getötet wurden. Wir werden sehen, daß die Briganten nicht zimperlich waren mit ihren Gegnern und sehr grausam sein konnten, wenn sie Rache übten.

Andererseits waren fast alle Brigantenführer früher selbst Soldaten gewesen und hatten durchaus Sinn für soldatische Fairneß.

Es ist möglich, daß der oben erwähnte Pica gar kein Brigant war. Auch die neapoletanische Anklagebehörde bezeichnet ihn zwar als Kommandanten einer Bande. Es heißt jedoch auch, daß Pica ein reicher Ökonom gewesen sei.

Der Brigantenführer Cosimo Giordano beschreibt 1864 in einem Brief, wie er Kenntnis von dem Vorfall erhielt und wie er darauf reagierte. Er befand sich mit seiner Bande in den Bergen, als seine Wachen zwei Männer vorführten, die in großer Eile in sein Lager gekommen waren.

Ich fragte sie: » Was wollt ihr?«
Sie antworteten: »Im Ort sind 46 Soldaten angekommen!«
»Und was habt ihr mit ihnen gemacht?«
»Wir haben sie gefesselt, und jetzt kommen wir und wollen wissen, was wir mit ihnen machen sollen.«
Ich habe ihnen gesagt:
»Lauft hin und sagt, die Soldaten dürften nicht angerührt werden. Ich käme so bald wie möglich hinunter.«
So gingen sie weg und ich folgte ihnen nach und fragte, sobald wir nach Pontelandolfo kamen:
»Wo sind sie?«
Man antwortete mir, sie seien in eine Grotte außerhalb der Stadt gebracht und erschossen worden.
Ich war darüber sehr aufgeregt und sagte:
»Ihr Elenden, die ihr seid, warum habt ihr diese Feigheit begangen, gegen diese armen Unglücklichen? Das waren Soldaten, die ihren Eid geleistet haben, wie wir auch, und die deshalb die Befehle ihrer Vorgesetzten ausführen mußten und sonst nichts.
Aber eins ist gewiß: Eines Tages werdet ihr dafür büßen müssen, was ihr ihnen angetan habt und auch mir!«

4 Die Zerstörung von Pontelandolfo

Giordano sollte Recht behalten. Bereits am 13. August meldeten ihm seine Späher, daß piemontesische Truppe im Anzug war, und er versteckte sich mit 250 Leuten seiner Bande in der Nähe von Pontelandolfo.
Mit den Aufständischen vereinbarte er, daß die Glocken Sturm läuten sollten, um beim Eintreffen der Soldaten sofort alle Bewohner der Stadt und der umliegenden Dörfer zusammenzurufen.
Giordano berichtet:

Als ich am nächsten Morgen das Anrücken von vier Kolonnen bemerkte, ließ ich meine Trompeter sofort zum Wekken blasen. Mir war klar, daß dies die Rache für die 46 Soldaten war, und so ließ ich lediglich – um die Mörder dieser Unglücklichen zur Reue aufzurufen – einige Schüsse abgeben und zum Rückzug blasen. Die Soldaten drangen in die Stadt ein und begannen die Häuser in Brand zu setzen, aber ich wollte von dieser Stadt nichts mehr wissen.

Andere Berichte beschreiben, daß es zunächst doch zu einem Gefecht kam:
Im Morgengrauen des 14. August 1861, während alles noch schlief, rückte von Benevento kommend der Oberst Negri mit 500 Soldaten an (es waren Bersaglieri), und da er glaubte, die Kirchenglocken läuten zu hören, meinte er, mit Widerstand rechnen zu müssen.
Tatsächlich begann der Brigant Giordano, der sich mit den Seinen in einem dunklen Wald versteckt hielt, beim Anblick der Truppe zu schießen, wobei etwa 20 Soldaten getötet wurden. Doch als er sah, daß die Soldaten ihm zahlenmäßig weit überlegen waren, flüchtete er.

Ein Chronist verweist darauf, daß sich Negri zunächst an die Verfolgung der Briganten hätte machen müssen, wenn es wirklich darum gegangen wäre, die Briganten zu ergreifen. Statt dessen ließ er die Gefallenen zurück und setzte den Marsch auf Pontelandolfo fort. Erst nach der Zerstörung der Stadt ließ er seine Toten einholen und vor der Kirche des

heiligen Rocco verbrennen. Man vermutet, daß er dadurch
seine Verluste gegenüber seinen Vorgesetzten verschleiern
wollte.

Die Tatsache, daß er seine Gefallenen nicht mit militärischen Ehren beisetzte und auch nicht mit in die Garnison
nahm, wurde allgemein übel vermerkt.
Es war jedoch nicht die einzige Grausamkeit, die Negri in
Pontelandolfo verübte.
Während die Bevölkerung von Casalduni beim Anrücken
der Piemontesen geflüchtet war, entlud sich in Pontelandolfo das Rachegericht über der Zivilbevölkerung, ob diese am
Aufstand teilgenommen hatte oder nicht.

*Der weithallende, langsame Klang der Glocken, die Gewehr-
schüsse, das Hinundhergerenne der Soldaten, weckte die
Mütter auf, die ihre noch schlafenden Kinder fest in den
Armen hielten und sich fragten, was der weltuntergangsähn-
liche Lärm zu bedeuten hatte.*
*Alles lief ans Fenster, auf die Balkone und vor die Haustüren,
um zu sehen, was los war. Die Soldaten stürzten die Treppen
der Stadt hinauf, stürmten die Häuser, wobei ihnen die frühe
Morgenstunde und die Nacktheit, die Verschlafenheit und
das Entsetzen der Bürger zugute kamen und ließen sich »zu
entsetzlichen Untaten, niedrigsten Plündereien und unehrenhaften Handlungen hinreißen«.*

*Ein unschuldiges junges Mädchen – Concetta Biondi – ver-
steckte sich im Keller hinter einigen Weinfässern, um nicht
von den unmenschlichen Angreifern vergewaltigt zu werden.
Sie wurde entdeckt, fiel in Ohnmacht und dann erschlug eine
Mörderhand die zärtliche Blüte, während der Wein aus den
aufgeschlagenen Weinfässern strömte und sich mit Blut ver-
mischte.*

*Giuseppe Santopietro töteten sie, nachdem sie sein liebes
Kind seinen starken Armen entrissen hatten. Nichts nutzte
sein Bitten und Flehen: Er wollte am Leben bleiben, für sein
liebes Engelchen.*
Einer Frau, die unkeuschen Aufforderungen nicht nach-

kommen wollte, wurden die Ohrringe abgerissen. Ihr lieben-
der Gatte, der ihr zu Hilfe eilte, wurde meuchlings ermordet.
Welche Schrecken!

Noch mehr steigerten sich die Schrecken der bedauernswerten
Bürger durch die Brandstiftung in der Stadt und in ihrer
Kirche. Einige Schurken stürmten in die schon brennende
Kirche, warfen die geheiligen Hostien auf die Erde, raubten
die Votivgaben und die Krone der Madonna und flüchteten
sodann aus Angst.

Anders als Melegari in Casalduni, verschonte Negri in Pontelandolfo selbst die Anhänger der piemontesischen Regierung nicht.
Das mag einer der Gründe dafür gewesen sein, daß über die
Ereignisse von Casalduni und Pontelandolfo eine Nachrich-
tensperre verhängt wurde.

Anfang November 1861, drei Monate nach der Zerstörung
der Städte, versuchte ein gewisser Giuseppe Ferrari sich
einen Überblick über die Lage zu verschaffen.
In Neapel, keine hundert Kilometer entfernt, war es unmöglich, eine Auskunft über Pontelandolfo, einen Ort mit
5000 Einwohnern, zu erlangen.
Giuseppe Ferrari, der lange im französischen Exil gelebt
hatte, war Rechtsanwalt aus Mailand, Philosoph und Politiker. Als Parlamentsabgeordneter trat er für eine föderalisti-
sche und republikanische Struktur des künftigen Italien ein.
Er gehörte deshalb zur Opposition.
Schon während der Reise erkannte er, daß die Zerstörung
der Städte die Brigantengefahr offensichtlich nicht gemin-
dert hatte.
In Neapel gab man ihm nicht nur viele Vorsichtsmaßregeln
mit auf den Weg, sondern kritisierte auch seine Absicht,
nach Pontelandolfo zu reisen.
Als er in Maddaloni um zwei oder drei Männer zu seinem
Schutz bat, antwortete man ihm, er müsse mindestens 20
Mann mitnehmen, Befehl von Neapel.
Am Abend sah man in den Bergen die Lagerfeuer der
Briganten.

21

Als er Pontelandolfo sah, war er entsetzt: Die leeren, geschwärzten Mauern links und rechts der Straße, in den Erdgeschossen der Häuser hatte man die Möbel zusammengetragen und angezündet, die eingestürzten Dächer, durch die Fenster sah Ferrari den Himmel.

Hier und da lag der Schutt eingefallener Mauern.

Ein ganzes Museum aus alten Häusern und antiken Baudenkmälern hatten die Flammen zerstört; wieviel Schönheit lag unter den Trümmern verschüttet.

Ein gewisser Rinaldi wurde ihm vorgestellt: blaß, hochgewachsen, ein Ehrenmann mit einem edlen Gesicht, doch die Augen halb erloschen, niedergeschlagen von einem Unglück, das alles menschliche Mitleid übertrifft.

Kaum daß der Alte mit flüsternder Stimme sagen kann, so habe man sich die Befreiung Italiens nicht vorgestellt.

Zwei Söhne hatte der Mann. Der eine Rechtsanwalt, der andere Kaufmann, und beide hatten sie von ferne die Freiheit bewundert, die in Piemont herrschte. Als sie vom Heranrücken der Piemontesen hörten, liefen sie ihnen entgegen.

Doch während die Truppe in militärischer Ordnung einrückt, beginnen die hinteren Reihen schon zu plündern, verlassen das Glied, reißen die anderen Soldaten mit sich, die beiden Rinaldi werden gepackt, gezwungen sich freizukaufen, beraubt, an die Wand gestellt, erschossen.

Der eine ist sofort tot. Der andere lebt noch, von neun Kugeln getroffen. Ein Hauptmann wirft sich auf die Knie und bittet das Erschießungskommando um Gnade. Doch der Gott des Krieges erhört seine Worte nicht und unter einem Schlag mit dem Bajonett haucht der Unglückliche Rinaldi sein Leben aus. Ferrari fährt fort:

Welche Schreckensszenen! Dort sind zwei alte Leute in den Flammen umgekommen; dort wurden einige hingerichtet. Die Plünderer durchkämmen jeden Winkel. Die Offiziere können nicht überall sein, um ihre Soldaten zurückzuhalten, und selbst inmitten der Flammen hört man noch die entsetzlichen Stimmen: »Geld her, Geld her!«, während man von ferne Casalduni in Flammen sieht, als ob die Vernichtung grenzenlos wäre!

Die Zerstörung von Casalduni und Pontelandolfo war eine
Strafexpedition, wie Kolonialmächte sie gegen die von ihnen okkupierten Kolonialgebiete durchzuführen pflegen.
Die Ereignisse des Brigantenkrieges machen es schwer, sich
daran zu erinnern, daß die betroffenen Städte italienisch, die
betroffenen Menschen Italiener waren, ebenso wie die Piemontesen.

Wozu diente dann aber die Zerstörung der Städte?
Pontelandolfo lag an einem strategisch günstigen Ort. Von
hier aus sah man kilometerweit ins Land.
Keine Truppe konnte sich dieser Gegend nähern, ohne von
Pontelandolfo aus gesehen zu werden.
Nicht, daß man dadurch schon den Briganten beikommen
konnte. Aber die piemontesischen Maßnahmen gegen die
Bevölkerung und die Zerstörung ihrer Wohnungen sollten
dazu dienen, einen Keil zwischen Briganten und Volk zu
treiben und ein für allemal klarzustellen:
So bestraft Piemont jeden, der seine Autorität nicht aner-
kennt und mit Briganten gemeinsame Sache macht.

Das Verhalten der Truppe nach der Zerstörung der Städte
unterstreicht diese Version.
Keine Befriedungsaktion wurde unternommen, kein Versuch, die Briganten in ihren Bergen aufzuspüren.
Oberst Negri verließ Pontelandolfo noch am selben Tage
mit seiner Truppe, wobei er sich bemühte, jede Berührung
mit den Briganten zu vermeiden.
Tags drauf, am 15. August, telegrafierte er von Benevento
aus ans Oberkommando: »Gestern, bei Morgengrauen,
wurde Gerechtigkeit geübt gegen Pontelandolfo und Casalduni.«

Auch unser Melegari verweilte nicht länger in Casalduni, als
er die Rauchwolke über der Nachbarstadt sah. Er gab
Befehl, nach San Lupo zurückzumarschieren und dort zu
übernachten, bestieg zusammen mit dem eingangs erwähnten Oberst der Nationalgarde seine Kutsche, und während

sie durch die Gegend fuhren, lud der Oberst ihn und die Offiziere zu sich nach Hause zum Mittagessen ein.

Nach dem Essen in San Lupo beorderte Melegari einen Korporal zu sich an den Tisch und sagte zu ihm in Anwesenheit der übrigen Herren:

»Trinken Sie dieses Glas Wein auf das Wohl unseres Obersten, nehmen Sie Ihren Umhang und steigen Sie in die Kutsche, die unten vor der Tür steht, fahren Sie nach Casalduni, machen sie dort zu Fuß einen Rundgang, schauen Sie zu, was die Einwohner machen und kommen Sie dann wieder zu mir zum Rapport. Gehen Sie, wir erwarten Sie hier.«

Noch vor Einbruch der Nacht meldete der Korporal sich wieder zurück und berichtete, daß ein Teil der Einwohner in die Stadt zurückgekehrt sei und sich bemühe, die Flammen zu löschen, daß alle, die er auf den Straßen und in den Trümmern angetroffen habe, bei seinem Anblick niedergekniet seien und ihn ehrerbietig gegrüßt hätten, und daß er daraufhin zu seiner Kutsche zurückgekehrt sei, wo er auf dem Rücksitz viele Briefe und Karten vorgefunden habe. Er übergab sie Melegari.

In Form von Bittgesuchen hatten alle Schreiben mehr oder weniger den gleichen Inhalt: Man bat um Verzeihung, man kniete nieder zu Füßen von König Viktor Emanuel, man schwor, dem italienischen König in Zukunft Treue und Gehorsam zu bewahren.

Bleiben noch die Prozesse zu erwähnen.

Im Kriminalregister, das sich im Archiv der Präfektur von Pontelandolfo befindet, sind unter dem 27. November 1861 aufgeführt:

Ein Verfahren gegen 219 Personen, fast alle aus Pontelandolfo wegen a) Gründung einer kriminellen Vereinigung mit dem Vorsatz, die gegenwärtige Form der Regierung zu zerstören und die Einwohner anzustiften, sich gegen die Staatsgewalt zu bewaffnen, um einen Bürgerkrieg zwischen verschiedenen Teilen der Bevölkerung herbeizuführen; b) Entwaffnung der Wache in den Posten auf dem Land und in der Stadt; c) Beleidigung der ehrwürdigen Bildnisse des Königs Viktor Emanuel II. und Garibaldis und Zerstörung der königlichen Flaggen und Wappen; d) Brandstiftung und vieler anderer Delikte, darunter Sachbeschädigung, Diebstahl, Raub, Körperverletzung, vier Morde, eine Entführung, eine Brandstiftung einschließlich Leichenverbrennung – Verbrechen begangen vom Morgen des 7. bis zum 14. August 1861.

Ein zweites Verfahren gegen 103 Personen aus Campolattaro wegen der reaktionären Erhebung in diesem Ort.

Ein drittes Verfahren gegen 105 Personen aus Casalduni, darunter den Bürgermeister Don Luigi Orsini und 34 Personen aus Ponte, wegen der Reaktion von Casalduni.

Ein viertes Verfahren bezog sich auf die Ermordung der 43 Soldaten unter dem Kommando von Leutnant Bracci und betraf 118 Personen, von denen 28 aus Pontelandolfo stammten; 53 stammten aus Casalduni, 34 aus Ponte und drei aus zwei anderen Ortschaften.

General Pallavicini verhört einen Bauern

Italien im 19. Jahrhundert

Zweites Kapitel: Nach dem Krieg, der Krieg

1 Geschichtlicher Rückblick

Wer die Situation und die Probleme des heutigen Italien etwas kennt, wird feststellen, daß vieles seine Ursachen bereits im 19. Jahrhundert hat.

Die treibende historische Kraft war auch in Italien im vorigen Jahrhundert das Bürgertum.
Seine beiden fortschrittlichsten Gruppierungen waren die Liberalen und die Republikaner.
Ein Unterschied zwischen Liberalen und Republikanern war verfassungsrechtlicher Natur:
Gaben die Liberalen sich mit der Verpflichtung der Monarchie auf eine bürgerliche Verfassung zufrieden, so gingen die Republikaner mit der Forderung, die Monarchie abzuschaffen, noch einen Schritt weiter.
Einig waren sie sich in zwei Forderungen, in denen ihre wirtschaftliche Interessenlage am deutlichsten zum Ausdruck kam: Vertreibung aller ausländischen Mächte von italienischem Boden und Gründung eines geeinten und einigen italienischen Staates.

Ähnlich wie Deutschland war auch Italien im vorigen Jahrhundert in mehrere Territorialstaaten aufgeteilt. Der Unterschied bestand jedoch in der Präsenz ausländischer Mächte:
Der Kirchenstaat, der bis weit nach Norden reichte, stand traditionell unter französischem Schutz.
Die Lombardei und der östliche Teil Oberitaliens mit Venetien gehörten zu Österreich.
Im Süden herrschte eine Seitenlinie der spanischen Bourbonen über das sogenannte Königreich beider Sizilien.

Was Preußen für Deutschland war, war Piemont für Italien. Von hier gingen die italienischen Einigungsbestrebungen aus, hier wurden die Konzepte für die Schaffung eines Nationalstaates entwickelt, und anfangs dachte mancher piemontesische Staatstheoretiker, der italienische Kampf um Unabhängigkeit und Einigung könnte zum Vorbild für andere europäische Staaten werden.

Solche hohen Träume mußten sich die Piemontesen bald abschminken.

Die Geschichte des italienischen »Risorgimento« – der »Wiedererstehungs«-, Einigungs- und Unabhängigkeitsbewegung – ist lang und nicht ohne Widersprüche.

Der Begriff taucht das erste Mal 1775 in einem Buchtitel auf. Bei Vittorio Alfieri wird er zu einem ethisch-politisch-nationalen Mythos eines wehrlosen, geteilten, gedemütigten, unfreien und ohnmächtigen Italien, das eines Tages siegreich, großmütig, frei, vereint und mächtig wiederauferstehen wird.

Eine Zeitlang stritten sich die Staatsphilosophen, die selten die konkreten Inhalte des Risorgimento zu bestimmen wußten (wenn man von der Idee des vereinten Italiens absieht) und zumeist nur glänzende Rhetoriker und Phraseologen waren, wer das Italien der Zukunft lenken sollte: Der Papst oder der sabaudische König (von Sardinien-Piemont)? Hier war der antiklerikale Zug der Liberalen den sabaudischen Königen sehr nützlich, wenngleich Viktor Emanuel II. persönlich freundschaftliche Beziehungen zu Pius IX. unterhielt.

Italienische Schulkinder lernen heute, es habe drei Unabhängigkeitskriege gegeben. In Wirklichkeit waren es fünf, und es wäre falsch, sie italienische Kriege zu nennen. Es waren Kriege der Piemontesen, und sie bezweckten – zumindest was den Süden betrifft – die Unterordnung unter die piemontesische Hegemonie.

In seinem Aufsatz über das Risorgimento schrieb Antonio Gramsci: *Die Liberalen Cavours konzipieren die Einigung Italiens als Ausdehnung des piemontesischen Staates und des Vermögens seiner Dynastie, nicht als Bewegung von unten, sondern als dynastische Eroberung.*

Jede alternative Einigungsbewegung »von unten«, die an den Interessen Piemonts vorbeiging, wäre am Widerstand dieser stärksten partikularen Macht Italiens gescheitert, abgesehen von der Überwindung der äußeren Gegner Frankreich und Österreich. Den Versuch eines Zeitgenossen Garibaldis, Pisacane, der ebenfalls mit ein paar Mann im Süden landete, um Italien zu vereinen, aber gegen die Piemontesen, von Süden her und mit Hilfe der bäuerlichen Massen, machten die angesprochenen Bauern schneller zunichte, als General Pisacane ahnen konnte. An dem Ort, wo sie ihn steinigten, in Sapri, einer kleinen Küstenstadt am Tyrrhenischen Meer auf der Grenze zwischen Kalabrien und Kampanien, steht heute sein Denkmal.

Der erste Unabhängigkeitskrieg der Piemontesen gegen die Österreicher entwickelte sich im Zuge der Revolution von 1848, als Reaktion auf die brutalen Unterdrückungsmaßnahmen der Österreicher. Verschiedene italienische Territorialstaaten, die den Piemontesen ihre Unterstützung zugesagt hatten, wie Neapel, der Kirchenstaat, das Großherzogtum Toscana und Modena, beteiligten sich nur unerheblich am Krieg, der keine territorialen Veränderungen bewirkte, jedoch die Idee des Risorgimento kämpferisch stärkte.
Bis 1859 blieb Italien im wesentlichen in folgende Territorien aufgeteilt:
Piemont, Lombardei, Südtirol, Venetien, Parma und Modena in Norditalien –
das Großherzogtum Toscana und der Kirchenstaat in Mittelitalien – und das »Königreich beider Sizilien« in Unteritalien, wobei Sardinien nicht wie heute zum »Süden« zählte, sondern zu Piemont gehörte.

Nach der Niederschlagung der 1848er Revolution in den verschiedenen Territorien blieb Piemont der einzige liberale Verfassungsstaat und wurde zum Zufluchtsort der in allen Teilen Italiens hart verfolgten Liberalen.

Die Konzentration des Risorgimento auf Piemont und das liberale Bürgertum hatte zwei historisch weitreichende Folgen.
Einmal blieben, mangels einer starken sozialistischen Partei, deren Anfänge erst in den 60er Jahren des vorigen

Jahrhunderts liegen, die breiten Massen und damit das arme bäuerliche Şubproletariat des Kirchenstaates und des Königreichs beider Sizilien von der Einigungsbewegung ausgeschlossen. Zum anderen führte diese Art von Risorgimento auch zu Widersprüchen innerhalb des Adels und der Bourgeoisie. Sowohl der Adel als auch das Bürgertum im Kirchenstaat und im sizilianischen Königreich sahen ihre Positionen durch den Zugriff ihrer piemontesischen Klassenkameraden bedroht. Wie recht sie damit hatten, mußte am stärksten das neapoletanische Bürgertum erkennen.

Neapel, das dank englischer Kapitalinvestitionen bis dahin eine fast norditalienische Entwicklung genommen hatte, erlebte nach der Einigung infolge des Fortfalls seiner Schutzzölle und der norditalienischen Konkurrenz innerhalb weniger Jahre einen erstaunlichen wirtschaftlichen Niedergang. Der erste Unabhängigkeitskrieg von 1848 hatte gezeigt, daß die italienische Frage nicht ohne die Großmächte zu lösen war. Eine große Rolle spielt deshalb der von Melegari anfangs erwähnte Krimkrieg, (1853–56), in dem (seit 1855) piemontesische Truppen neben Frankreich, England und der Türkei gegen Rußland kämpften. Die Beteiligung der

Zeitgenössische Karikatur auf die diplomatische Akrobatik des Grafen Cavour

Piemontesen gestattete es Ministerpräsident Cavour, an der Pariser Friedenskonferenz teilzunehmen, wo er die italienische Frage vortrug und die Großmächte ihre Unterstützung zusagten.

Die Folge war in Italien 1857 die Gründung des Nationalvereins, dem alle Liberalen und Republikaner beitraten. Auf einer Zusammenkunft 1858 versprach Napoleon III. gegen Überlassung der piemontesischen Stammländer Savoyen und Nizza (vgl. Karte S. 26) französische Unterstützung bei der Eroberung Oberitaliens. Der zweite Unabhängigkeitskrieg konnte beginnen.

Er fand 1859 statt.
Die Österreicher, bei Magenta geschlagen, räumten die Lombardei, doch unterblieb die Eroberung Venetiens, da Napoleon III., nach der Schlacht bei Solferino, überraschend den Vorfrieden von Villafranca mit Kaiser Franz Joseph abschloß und sich die Lombardei abtreten ließ.
Cavour trat aus Protest zurück.

»Onkel Victor«, Sabaudischer König in Sardinien und Piemont, ab 1861 der König des geeinten Italien

31

In Mittelitalien (Modena, Parma, Toscana) waren unterdessen die Landesherren vertrieben und provisorische Regierungen gebildet worden, die für die Vereinigung mit Sardinien-Piemont eintraten. Im Frieden von Zürich wurde die Lombardei Viktor Emanuel II. zugesprochen, während Österreich Venetien behielt.

Cavour, der inzwischen wieder Ministerpräsident geworden war, gab nun, unter dem Protest Garibaldis und der Linken, Savoyen und Nizza an Frankreich ab. In Volksabstimmungen entschieden sich die Toscana, Modena und Parma für den Anschluß an Piemont.

Damit waren die Zugeständnisse der Großmächte ausge-

Giuseppe Garibaldi

schöpft. Von Frankreich, der traditionellen Schutzmacht des Kirchenstaates, und England, das an Sizilien und Neapel (wo es auch Kapital investiert hatte) sehr interessiert war, konnte keine weitere Unterstützung erwartet werden. Das war die Stunde Garibaldis. Der dritte Unabhängigkeitskrieg war im wesentlichen sein Werk.

Im Frühjahr 1860 brachen in der sizilianischen Hauptstadt, Palermo, Volksaufstände aus.

Am 11. Mai 1860 landete Garibaldi mit 1.072 Freiwilligen in Marsala an der Westküste Siziliens. In den Geschichtsbüchern nimmt man die griffigere Zahl 1.000, und jede Stadt im Mezzogiorno hat ihren »Corso dei Mille«, ihre »Straße der Tausend«.

Wo Garibaldi hinkommt, verkündet er im Namen des piemontesischen Königs, Viktor Emanuels II., die Diktatur, setzt Verwaltungen ab und ein und sammelt schon in den ersten Tagen eine große Freiwilligenarmee um sich, die »Südarmee«, die vorwiegend aus armen Bauern besteht.

Bereits am 27. Mai steht er vor Palermo. Zwischen 6. und 19. Juni räumen die Bourbonen Sizilien bis auf einige Stützpunkte (Messina, Siracusa etc).

Das ist der entscheidende Augenblick. Soll Garibaldi sich mit der Eroberung Siziliens begnügen?

In der Straße von Messina patrouillieren die französische und die englische Flotte, um ein Übergreifen der Südarmee auf das Festland zu verhindern. Piemont scheut sich noch immer, offiziell einzugreifen, aus Furcht vor internationalen Verwicklungen.

Am 20. August setzt Garibaldi mit Fischerbooten über und zieht nach Norden. Auch hier, in Kalabrien, gelingt es ihm, genügend Freiwillige zu rekrutieren. Die bourbonischen Truppen sind zwar zahlenmäßig weit überlegen und besser ausgerüstet und bewaffnet, dennoch wird die Südarmee kaum aufgehalten, und in Scharen legen die bourbonischen Soldaten die Waffen nieder.

Die Erfolge Garibaldis zwingen die piemontesische Regierung, jetzt ebenfalls Initiative zu zeigen, wenn sie ihren Anspruch, Italien zu »befreien«, nicht aufgeben will. An-

fang September 1860 werden zwei Armeecorps mobilisiert, das 4. Corps unter General Cialdini, den ich bereits erwähnt habe, und das 5. Corps unter General Della Rocca, der noch auftreten wird.
Cialdini dringt bei Rimini in die Marken, den nordöstlichen Teil des Kirchenstaates ein, rückt an der Adria bis Pescara vor und verläßt hier die Küste, um nach Westen zu ziehen. Della Rocca betritt den Kirchenstaat im Landesinneren und zieht durch Umbrien an Rom östlich vorbei nach Isernia in den südlichen Abruzzen.

Hier vereinigen sich die beiden Armeecorps.

Inzwischen hat Franz II. von Bourbon Neapel verlassen und will bei Capua, nördlich von Neapel, nahe seiner Residenz Caserta, eine Wende herbeiführen.
Schon nach den ersten Erfolgen seiner beiden Armeecorps über die päpstlichen Truppen hatte Viktor Emanuel am 3. Oktober in Ancona selbst das Kommando übernommen.
Ende Oktober kommt es bei Capua zur Vereinigung der Südarmee Garibaldis mit den Soldaten Viktor Emanuels. Am 1. und 2. November 1860 werden die restlichen bourbonischen Truppen geschlagen, und Franz II. flüchtet in die Festung Gaeta am Tyrrhenischen Meer.
Die kleine Stadt Teano kommt in die Geschichtsbücher, weil hier das historische Treffen zwischen Viktor Emanuel und Garibaldi stattfindet. Die Eroberung Siziliens, Kalabriens, der Basilikata (Lukanien) und Kampaniens einschließlich Neapel, hatte die Piemontesen praktisch keinen Mann und keinen Pfennig gekostet.
Der von Garibaldi eroberte Teil des Südens kommt an Viktor Emanuel. Die Belagerung Gaetas durch General Cialdini dauert noch bis 12. 2. 1861.

Damit ist der dritte Unabhängigkeitskrieg zu Ende und die geschichtlichen Voraussetzungen für den Brigantenkrieg sind geschaffen:
Große Teile des Kirchenstaates und das »Königreich beider Sizilien« sind piemontesisch. Der Kirchenstaat ist auf das »Patrimonium Petri« reduziert. Die Österreicher besitzen nur noch Südtirol und Venetien.

Venedig fällt sechs Jahre später an Italien: Italien nimmt am Preußisch-Österreichischen Krieg von 1866 auf Seiten der Preußen teil. Die Österreicher bleiben in Italien zwar siegreich, verlieren jedoch Venetien.

Rom und der Kirchenstaat ergeben sich erst am 20. 9. 1870. Trastevere, rechts des Tibers und vom Vatikan nur durch den Gianicolo getrennt, soll zunächst päpstlich bleiben, wird jedoch nur einen Tag später auf Wunsch des Papstes ebenfalls von den Piemontesen besetzt, weil Volksaufstände ausgebrochen sind.

Heute verstecken sich die Leute in den Häusern, wenn es schießt. Damals kamen sie raus und machten eine Revolution.

Papst Pius IX.

Der Bourbone Franz II.,
König beider Sizilien

Auch bei der Eroberung Roms profitierten die Piemontesen indirekt von den Preußen. Infolge seiner verheerenden militärischen Lage im Preußisch-Französischen Krieg 1870 mußte Napoleon III. seine Schutztruppen im Sommer 1870 von Rom abziehen.

Es war eine einmalige Gelegenheit, die sich die Piemontesen

nicht entgehen lassen konnten: Rom wehrlos und seine Schutzmacht, Frankreich, von Preußen tödlich bedroht. Ein Problem ergab sich noch daraus, daß Pius IX. den Schlüssel zum Quirinalspalast mitgenommen hatte, aber wozu gibt es Brechstangen.

Mit dem Einzug Viktor Emanuels II. in Rom waren die Forderungen des Risorgimento erfüllt. Italien geeint und von allen fremden Mächten befreit, hatte einen neuen Unterdrücker: die Piemontesen. Das Risorgimento verkam zur Irredenta, der chauvinistischen Bewegung zur »Erlösung« Triests und Südtirols. Das war die Macht, der sich ein paar tausend Briganten in Süditalien seit dem Spätherbst 1860 zu widersetzen versuchten.

2 Vorzeichen

Schon im November 1860, schreibt Aldo De Jaco im Vorwort zu seiner Dokumentation, die diesem Buch zugrunde liegt, *wenige Tage nach dem Treffen zwischen Viktor Emanuel II. und Garibaldi in Teano, wurde in den Dörfern der Umgebung von Avezzano eine Proklamation des piemontesischen Generals Ferdinando Pinelli an die Mauern der Häuser geschlagen.*

Avezzano ist eine Kleinstadt auf der Hochebene von Fucino in den Abruzzen, etwa 120 Kilometer von Rom auf der Via Tiburtina. Die Proklamation lautete:

»Viele Bewohner der Dörfer in der Umgebung von Aquila haben sich bewaffnet, Lösegelder erpreßt und auf verschiedene Weise die Bürger, die sich zur neuen Ordnung hingezogen fühlen, geschädigt. Einige hundert haben es zudem gewagt, die Truppen seiner Majestät, König Viktor Emanuel II., zu beschießen, während sie sich von Aquila nach Pizzoli begaben.

Der kommandierende Generalmajor der Truppen der Abruzzen II befiehlt deshalb:

1. Ein jeder, der mit einer Feuerwaffe, einem Messer oder Dolch oder irgendeiner anderen Hieb- oder Stoßwaffe angetroffen wird, ohne den Nachweis behördlicher Erlaubnis zum Tragen einer solchen Waffe erbringen zu können, wird sofort erschossen.

2. Wer durch Reden, Geld oder andere Mittel die Bevölkerung zum Aufstand anstiftet, wird sofort erschossen.

3. Die gleiche Strafe trifft alle Personen, die mit Wort oder Tat das Wappen von Savoyen, das Bild des Königs oder die italienische Nationalflagge beleidigen.

Bewohner der jenseitigen Abruzzen!

Hört mich an, denn ich spreche zu euch als Freund.

Legt die Waffen nieder, kehrt zurück an euren Herd, andernfalls könnt ihr gewiß sein, daß ihr früher oder später vernichtet werdet. Vier Verbrecher sind den Waffen bereits überantwortet worden: Ihr Ende mag euch als Beispiel dienen, denn ich werde unerbittlich sein.

Der General-Major, Ferdinando Pinelli.«

Pinelli war berühmt für seine erpresserischen Botschaften, die er den Süditalienern zukommen ließ, als seien sie nicht Landsleute, die sich anschickten, in einem vereinigten Italien ihre neue Nation zu sehen, sondern Bewohner eines afrikanischen Staates, den es mit Gewalt zu unterwerfen und zu disziplinieren galt.

General Pinelli

Ihm antworteten die abruzzesischen Briganten, und der erste Satz ihrer Proklamation ähnelt einer Zeile des berühmten Anarchistenliedes »Addio Lugano bella« (»Ade, schönes Lugano«): ». . . eppure la nostra idea é un'idea d'amor« – ». . . und doch ist unsere Idee eine Idee der Liebe.«
Die Proklamation lautete:

»Bürger von Aquila,
unsere Herzen sind nicht verhärtet vom Dienst der Waffen: sie sind stets voller Anerkennung und Liebe. Wir brennen für euch in patriotischem Gefühl, unser Haß richtet sich gegen die korrupte Regierung, die euch beherrscht, und wir vertrauen der großzügigen Gastfreundschaft in euren Provinzen.
Welch ein süßes Gefühl durchzieht unsere Herzen.
Wenn wir eine Hand ergreifen, so ist es die Hand eines Freundes; wenn wir eine Stimme hören, so ist es die Stimme eines Freundes. Vertraut uns, großmütige Bürger von

38

Aquila! Wir werden euch rächen, das Blut eurer toten Brüder!

Gern eilen wir euch zu Hilfe, denn wir fühlen uns von einer heiligen Mission gerufen, heilig wie der Name unseres Königs Franz II. Ja, wir werden euch rächen, denn der Ewige ist mit uns. Kommt herbei, wenn ihr den Lärm unserer Waffen hört, die Stimme unseres Anführers, und wenn wir die schändlichen Mörder eurer Söhne getötet haben werden, die Vampire unseres Blutes, werden wir dem Gott der Waffen einen Altar errichten, auf dem – zwischem dem Ruhm und der Anerkennung, der Gastfreundschaft und der Liebe – euer Name dauerhafter als in Bronze geschrieben stehen wird, denn in den Herzen unserer Nachkommen werdet ihr mit diesem Grabspruch weiterleben:

›Dies sind unsere Söhne, die nicht weniger ruhmreich sind als die Helden von Lodi und der anderen Schlachtfelder; wo sie ihr vornehmes Blut vergossen und bewiesen haben, daß die französischen Wölfe, auch wenn der neue italienische Cäsar sie anführt, angesichts des neapoletanischen Schwertes nicht unbesiegbar sind.‹

Seid gegrüßt, Bürger, unsere Brüder! Gott segne euch und uns. Es lebe unser König!«

Die ersten Hinrichtungen fanden am 16. November 1860 statt, und schon bald, nach der Belagerung von Acquasanta durch Briganten, brannten piemontesische Truppen ganze Ortschaften nieder, während auf den Marktplätzen die Leichen erschossener »Briganten« zur Schau gestellt wurden – bärtige Männer, deren Gestalt ihre soziale Herkunft verriet –, als Ermahnung an die Bevölkerung.

3 *»Und ich antwortete: Erschießen!«*

Am Mittwoch, den 19. Januar 1861, eine halbe Stunde vor Sonnenuntergang wurde die Höhe oberhalb von Scurgola, einer kleinen Stadt an der Via Tiburtina vor Avezzano, von den Leuten des Briganten Giorgi angegriffen. Giorgi war begleitet von einem gewissen Luvara, der sich Generalissimus nennen ließ und die Proklamationen unterschrieb. Mit zur Führungsgruppe gehörte in der Uniform eines Oberst ein Venezianer, den man zunächst für einen Kardinal hielt, der sich später jedoch als gewöhnlicher Hof-Monsignore entpuppte.

Scurgola hatte nur eine Kompanie Garnison unter dem Befehl eines Hauptmanns Foldi, der sich wegen des überraschenden Angriffs nach kurzem Schußwechsel zurückziehen mußte, jedoch noch rechtzeitig zwei in Magliano stationierte Kompanien, die von einem Zug Lanzenreiter verstärkt wurden, alarmieren konnte.

Diese Einheiten rückten im Laufschritt an, umzingelten den Ort und überwältigten auf einen Schlag sämtliche Aufständischen, mit Ausnahme derjenigen, die auf den Feldern geblieben waren. Diese wurden einzeln aufgespürt und an Ort und Stelle umgebracht, wobei Hauptmann Foldi sich besonders hervortat.

Zwei Stunden dauerte das Gefecht, die Aufständischen verloren 130 Männer einschließlich derer, die standrechtlich erschossen wurden.

Mit drei Überlebenden hatte es eine besondere Bewandtnis. Sie waren von Scurgola ausgesandt worden, um dem piemontesischen Major in Tagliacozzo, das ebenfalls in der Gegend liegt, ein Ultimatum der Aufständischen zu überbringen.

Diese drei Unglücklichen, heißt es über sie, *haben ihre Geschichte erzählt, die aus einer langen Reihe von Enttäuschungen besteht. In Rom hatte man ihnen versichert, daß es in den Abruzzen eine regelrechte Armee gebe, daß die Bevölkerung sie mit großem Enthusiasmus erwarte und daß sie innerhalb zwei Wochen Neapel erobern würden.*

Statt dessen trafen sie 500 oder 600 ehemalige Soldaten, zweitausend schlecht bewaffnete Bauern und eine plebejische Masse, die indifferent war oder Angst hatte. In Carsoli sollten alle diese Leute bewaffnet werden, doch französische Einheiten beschlagnahmten die Lieferung.

Derselbe Berichterstatter erzählt auch Unerfreuliches über die Fahne der Briganten:

In dem Gefecht wurde auch eine ihrer Fahnen erobert. Es war ein altes hölzernes Kruzifix, an das sie mit Bindfäden einen Fetzen roten Stoff gebunden hatten, der von irgendeinem Meßornat abgerissen worden war. Als Stange diente ein Zeltstock, den sie den Soldaten von Tagliacozzo entwendet hatten.

Ein Augenzeuge dagegen berichtet:

Es war ein herrliches, quadratisches Tuch aus weißer Seide. In einer Ecke sah man Maria Christina (die Mutter von Franz II., Prinzessin von Carignano) auf den Knien vor einer Madonna, die soeben das Savoyer Kreuz zertrümmert. Auf der anderen Seite befand sich eine unbefleckte Empfängnis. Diese Fahne war vom Papst geweiht worden und man erwartete sich von ihr Wunder. Der verunglückte Aufstand war für sie ein schlechter Anfang.

Unter den Hingerichteten befanden sich auch zwei Priester, ein Monsignore und der Pfarrer von Monte Sabinese.

Ein Mann, der bei dem Gefecht schwer verletzt worden war, starb wenig später in einem Nachbardorf. Als er entkleidet wurde, entdeckte man, daß er violette Socken trug.

Rocca

Das Massaker von Scurgola ging auf das Konto von General Enrico Della Rocca.

General Della Rocca hatte Garibaldi an der Spitze der »Südarmee« abgelöst. Nach der Auflösung der »Südarmee«

wurde er Oberbefehlshaber aller im Süden stationierten Truppen, mit Ausnahme der Einheiten, die Gaeta belagerten und unter dem Kommando des Henkers von Casalduni und Pontelandolfo, General Cialdini, standen.

Die Aufstände, die Anfang 1861 der Kontrolle der Piemontesen zu entgleiten begannen, beantwortete er mit drakonischen Befehlen: Keine Gefangenen machen; erschießen.

In seinen Memoiren mit dem Titel »Autobiographie eines Veteranen. Historische und anekdotische Erinnerungen 1859 bis 1893« beschreibt der General die militärische Lage in Süditalien zu Beginn des Jahres 1861:

Die Südarmee, das heißt, die Freiwilligen-Armee Garibaldis, machte mir nicht wenig zu schaffen und an vielen Punkten des ehemaligen Königreichs erhob die Reaktion ihren Kopf. Die Banden, die das Land verwüsteten, hatten großen Zulauf von Unzufriedenen und Arbeitslosen, die unter Führung von einigen Offizieren der bourbonischen Armee und ein paar Leuten, die in der Garibaldi-Armee nicht angekommen waren, die Grenzen und auch die neapoletanischen Provinzen unsicher machten.

Aufstände gab es in den Abruzzen, Terra di Lavoro (Apulien), Benevento (Basilikata), in Ceprano und Pontecorvo an der Grenze zum Kirchenstaat. Ich mußte Truppen entsenden, um die Bevölkerung vor den Barbacani zu schützen, die zusammen mit den päpstlichen Jägern die Leute mißhandelten. Immer wieder mußte ich meine Einheiten teilen und unterteilen, um sie überall dorthin zu schicken, wo sie gebraucht wurden.

Ich hatte den militärischen Oberbefehl über die beiden Sizilien unter der Bedingung angenommen, daß ich auch den Oberbefehl über alle militärischen Aktionen gegen das Brigantenunwesen und die bewaffneten Banden erhielt, doch die im Süden stationierten Truppen lagen zum Großteil vor Gaeta mit General Cialdini, während andere auf Sizilien lagen, und obwohl die Zahl der Personen, die mit der Waffe in der Hand ergriffen wurden, tagtäglich anstieg, gelang es mir nicht, vom Minister Verstärkungen zu erhalten.

Ich ließ einige Anführer erschießen und gab bekannt, daß es jedem, der sich an den Aufständen beteiligte und mit der

Waffe in der Hand angetroffen würde, genauso erginge. Aber es gab sehr viele Rebellen und so waren auch die Hinrichtungen zahlreich, bis man mir aus Turin schrieb, ich solle die Hinrichtungen einschränken und auf die Anführer reduzieren.

Meine Offiziere, die die Notwendigkeit der zuerst ergriffenen Maßnahmen einsahen und wußten, daß es in gewissen Zonen unmöglich war, anders als mit Terror zu regieren, telegrafierten mir, nachdem sie die Anweisung aus Turin zu Gesicht bekommen hatten: »Dort und dort, drei, vier oder fünf Briganten-Führer mit der Waffe in der Hand verhaftet.«

Und ich antwortete: »Erschießen!«

Bald darauf hatte man in Turin den Eindruck, daß die Zahl der Anführer zu hoch war, und man bat mich, die Erschießungen einzustellen und alle Gefangenen einzusperren. Daraufhin begannen die Gefängnisse und Kasernen überzuquellen, die Zahl der Gefangenen stieg übermäßig an und vor allem nach dem Fall von Gaeta griffen die Unruhen noch stärker um sich.

Nachdem die Soldaten, die nach dem Fall Gaetas aus der Freiwilligenarmee entlassen worden waren, ihr bißchen Geld verbraucht hatten, gingen auch sie in die Berge, und schlossen sich den Briganten an: Päpstliche, Republikaner, Kaffer und Barbacani. Alle vereinigt zu demselben Zweck: die öffentliche Ruhe zu stören und der neuen Regierung Schwierigkeiten zu machen.

4 Der nicht erklärte Krieg

Was Della Rocca auf das Niveau polizeiwidriger Störungen der öffentlichen Sicherheit und Ordnung herabzudefinieren versucht, war in Wirklichkeit ein handfester Krieg.

Fünf Jahre dauerte dieser Krieg, vom Winter 1860 bis 1865, doch ebensowenig wie eine Kriegserklärung gab es einen Waffenstillstand oder gar einen Friedensschluß, und in gewisser Weise standen noch die Landbesetzungen nach dem Zweiten Weltkrieg und die Aufstände in zahlreichen landwirtschaftlichen Zentren Süditaliens wie Avola auf Sizilien oder Battipaglia in Kampanien in der Tradition der Kriege zwischen den subproletarischen Massen des Südens und den

Machthabern der italienischen Zentralgewalt und ihren Bütteln, den »sbirri« wie das Volk sie abschätzig nennt: »den Bullen«. Ein anderer Ausdruck für Polizist ist: »carne venduta«, »verkauftes Fleisch«.

In den sechziger Jahren des vorigen Jahrhunderts fand im Mezzogiorno ein Krieg statt, schreibt Aldo De Jaco in seinem Vorwort weiter, *ein grausamer Krieg, ohne Berücksichtigung des internationalen Rechts, ohne Kriegsgefangene, ohne Schützengräben und ohne Hinterland.*

Eine der beiden Armeen, die »richtige«, in ordentlichen Uniformen und mit Offizieren aus der Kadettenschule in Turin, hielt die Ortschaften besetzt, isoliert wie im tiefsten Afrika, unter Menschen, die eine unverständliche Sprache und fremdartige Sitten hatten und fast immer einen Sohn oder Bruder besaßen, der bei ›denen‹ in den Bergen saß und den Kopf gegen die ›Invasoren‹ erhoben hatte. Dann und wann erfuhr die Garnison von einer »bourbonischen Reaktion« und durchstreifte die Gegend auf den wenigen bekannten Wegen und Straßen, um den Aufstand zu unterdrücken.

Dann stieg von den Bergen und aus den Wäldern die andere Armee herab, um ihnen entgegenzutreten – das schweigende Heer der Briganten. Unterdessen flammten in den Dörfern hier und da die Brände wieder auf, die Brandstiftungen in den Rathäusern, den Katasterämtern (»unsere ewigen Feinde«, wie der Brigantenführer Carmine Crocco sie nannte); gab es die Plünderungen der Häuser der Herren (der ›galantuomini‹), bekannt als die »Usurpatoren« der Staatsdomänen; wurden neue, kurzlebige Verwaltungen eingesetzt, die dem Bourbonen im Exil zu gehorchen versprachen.

Das alles endete mit der Restauration des Wappens der Piemontesen, den öffentlichen Hinrichtungen gefangener Briganten auf den Plätzen – Männer mit verschlossenen Gesichtern und großen Bärten, in Kleidern, die aus Leder gearbeitet waren.

Seite 45: Antonio Cozzolino, ein Brigant aus der Gegend des Vesuvs (oben links); Francesco Fasanella, Nachfolger des Brigantenführers Coppa, der von seinen eigenen Leuten erschossen worden war (unten). Seite 47: Die Brüder La Gala, die eine Bande von 500 Männern anführten. Seite 48: Nunzio Tamburrini, der von Franzosen verhaftet, der italienischen Obrigkeit übergeben und 1868 hingerichtet wurde (unten links)

An der Niederlage der Briganten bestand von Anfang an kein Zweifel.

Dennoch haben Generationen von Historikern, Soziologen und Philosophen – bis hin zu Benedetto Croce – versucht, diese Niederlage als moralisches Versagen, geistige Unzulänglichkeit und mangelnde geschichtliche Größe der Briganten zu interpretieren.

Erst nach dem Zweiten Weltkrieg, als Italien mit der Befreiung vom Faschismus und seinen rhetorischen Scheuklappen auch ein neues Bewußtsein seiner Geschichte zu entwickeln begann, hat Carlo Levi mit seinem Buch »Christus kam nur bis Eboli«, das in vieler Hinsicht eine neuartige Beurteilung der »Südfrage« ermöglichte, einen ernsthaften Beitrag zur theoretischen Erfassung der bäuerlichen Welt des Mezzogiorno als einer in sich ruhenden und abgeschlossenen Kultur geleistet: einer Kultur, die selbstverständlich außerhalb des modernen Staates stand, feindselig ihm gegenüber, und auch außerhalb der Geschichte.

Als Ausdruck dieser Gegenkultur begriff Levi unter anderem den Brigantenkrieg. Er schrieb:

Die Staaten, die Theokratien, die stehenden Heere, sind natürlich sehr viel stärker als das Volk der verstreut lebenden Bauern. Sie müssen sich deshalb damit abfinden, beherrscht zu werden, doch die Errungenschaften und den Ruhm jener Zivilisation, die ihnen radikal feindlich gegenübersteht, können sie nicht als ihnen gehörig begreifen.

Die einzigen Kriege, die sie begreifen, sind die, die sie selber geführt haben, um sich zu verteidigen – gegen die Geschichte, die Staaten, die Theokratien und die Armeen. Es sind Kriege, die sie unter ihren schwarzen Fahnen geführt haben, ohne militärische Disziplin, ohne Strategie und ohne Hoffnung: unglückliche Kriege, die immer schon verloren waren, wenn sie begannen; grausam und verzweifelt. Und unverständlich für die Historiker.

Vier Bauernkriege führt Levi auf, beginnend mit dem mythologischen Krieg gegen Äneas bis zu dem gegen die Piemontesen:

Der vierte Krieg der Bauern ist der Krieg der Briganten: Er wurde nicht mit Waffen geführt, die Vulkan geschmiedet hatte, noch besaßen die Bauern Kanonen wie das andere Italien. Und sie hatten keine Götter: Was vermochte eine arme Madonna mit einem schwarzen Gesicht gegen den ethischen Staat der Hegelianer von Neapel?

Das Brigantentum ist nichts, als ein Exzeß heroischen Wahnsinns und grausamer Verzweiflung. Diese Form nimmt jede Bauernrevolte an. Sie erhebt sich aus einem elementaren Bedürfnis nach Gerechtigkeit, sie wird geboren im schwarzen See des Herzens.

Dieses Land hat nach dem Brigantenkrieg den Frieden eines Friedhofes gefunden, doch von Zeit zu Zeit erheben sich die Bauern, die sich vom Staat in keiner Weise vertreten sehen, die in den Gesetzen keinerlei Recht finden, brennen das Rathaus nieder oder die Kaserne der Carabinieri, töten die Herren, und wandern ergeben ins Zuchthaus.

Für die Piemontesen der damaligen Zeit waren die Briganten und die sich ihnen anschließenden bäuerlichen Massen dagegen schlichtweg Tiere – dumm, feige, brutal, unmenschlich.

Soldaten und Offiziere, Presseberichterstatter, Buchautoren und selbst die Abgeordneten des Parlaments waren sich darin einig.

Am 3. und 4. Mai 1863 trug der Berichterstatter der parlamentarischen Kommission zur Untersuchung des Phänomens der Briganten im Abgeordnetenhaus den Bericht der Kommission vor. Er referierte, ganz im Stil der überwiegenden Mehrheit der damaligen Chronisten:

Niemals greifen die Briganten an, und werden sie angegriffen, so flüchten sie, legen sich in den Hinterhalt und lauern, bis sie einen sicheren Fluchtweg haben und in der Überzahl sind. Ist das Verhältnis fünf gegen einen oder mehr, so greifen sie an. Es gibt keinen Fall, in dem sie eine Kompanie Soldaten angegriffen hätten. Rauben, morden, flüchten und die Truppe ermüden, das und nichts anderes ist die Strategie der Briganten.

Die einzige militärische Kunst, die sie beherrschen, ist die des Instinkts. Sie haben Spähtrupps, und wenn sie über Pferde verfügen, setzen sie diese zum Flankenschutz ein. Sie hand-

haben ihre Waffen mit wenig Verstand, und ihre Gewehre treffen nur selten. Nur selten auch haben sie den Mut zum Nahkampf. Geschickt nutzen sie ihre Kenntnis der Geländevorteile aus und postieren sich dort, wo sie leicht angreifen und nur schwer angegriffen werden können.

Es stimmt nicht, daß sie alle mutig sterben. In einigen Fällen war es so, doch es ist nicht die Regel. Es sei denn, man wollte ihre Stupidität mit Stoizismus verwechseln, ihre Kälte der Verrohung mit der Verachtung des Lebens. Sie sind größtenteils feige und besitzen sämtliche Attribute der Feigheit, am meisten die Grausamkeit.

Wir wollen Sie, meine Herren, nicht mit den Grausamkeiten in Schrecken versetzen, die die Briganten gegen die Unglücklichen verüben, die ihnen in die Hände fallen.
Eher als Werk menschlicher Wesen scheinen diese Grausamkeiten das Werk von Kannibalen oder wilden Tieren zu sein. Zuweilen hat ihre Unmenschlichkeit einen solchen Grad erreicht, daß sie ihre eigenen Genossen erzittern läßt, und man erzählt sich von einem gewissen Cerritacchio, den Caruso selber umbringen ließ, weil er mit allen Mitteln der Zerfleischung ein armes Mädchen gefoltert hatte.

Nicht einmal der Tod ihrer Opfer befriedigt und ermüdet die Grausamkeit der Banditen, die den Blutdurst, der sie befallen hat, noch an Leichen zu stillen trachten. Die Feigsten unter ihnen sind die Grausamsten: So ein gewisser Coppa, der bei Crocco ist, und ein gewisser Varanelli aus der Bande von Caruso. Weniger nach Blut dürsten Schiavone und Coppolone. Die Briganten sind dem Laster jeglicher Geilheit und Schändlichkeit verfallen, bereit zu jedem Verbrechen: sie trinken Blut und essen Menschenfleisch.

5 Die Guerilla-Taktik

Diese Betrachtungsweise brachte Vorteile mit sich, aber auch beachtliche Nachteile. Der Vorteil dieser Art von Analyse und Publizistik war, daß die Brigantenbekämpfung ohne Widerspruch in der öffentlichen Meinung (in der veröffentlichten Meinung) als frisch-fröhliche Jagd geführt werden konnte. Der Nachteil war, daß den Piemontesen das Besondere der Brigantentaktik nicht auffiel.

Sie bemerkten natürlich, daß die Briganten praktisch unbesiegbar waren, und gelegentlich kam ein Piemontese auch auf die Idee, die charakterlichen und militärischen Mängel der Briganten könnten in Wirklichkeit militärische Tugenden sein. Aber sie brauchten zwei oder drei Jahre, bis sie begriffen, daß die Briganten durchaus taktisch vorgingen und daß ihre Taktik in erster Linie eine Überlebenstaktik war, die darauf abzielte, die Piemontesen zu zermürben.

Im Kampf gegen die Briganten hatten die Piemontesen im wesentlichen das 6. Armeecorps eingesetzt. Es bestand aus 66000 Mann, von denen per 31. März 1863 5000 krankfeierten. Dazu kamen 20000 Schreibstubenhengste. Insgesamt standen im Mezzogiorno 86000 Mann.
Diese Truppen verteilten sich auf zahlreiche Zonen und Unterzonen, deren Kommandanten freie Hand hinsichtlich der Maßnahmen gegen die Briganten hatten. Zu den Kampftruppen gehörten sieben Regimenter Kavallerie, darunter die Kavallerie von Saluzzo, die in unserer Darstellung noch eine gewisse Rolle spielen wird.

Die Aufzählung dieser Truppenverbände bietet ein wesentliches Argument dafür, daß die Brigantenfrage längst gelöst wäre, wenn es sich nur um ein militärisches Problem handeln würde, schreibt die erwähnte Parlamentskommission in einem Anfall von Vernunft.

Über die Mannschaftsstärke der Briganten liegen keine Zahlen vor. Es gibt Äußerungen von Briganten, aber sie sind wenig brauchbar. Teils beziehen sie sich auf einen bestimmten Zeitpunkt und lassen die starke Fluktuation der Brigantentruppe außer acht, teils haben sie rein propagandistische Bedeutung. So berichtet der Brigantenführer Carmine Donatello Crocco, der im Gebiet von Melfi aktiv war und über den wir noch viel hören werden, er habe über 43 Banden geboten und insgesamt 2500 Mann unter seinem Befehl gehabt. Zur selben Zeit aber suchte der Spanier Borjes vergeblich nach dieser Brigantenarmee.
Unstreitig ist, daß die Kampfstärke der Briganten erheblich geringer war als die der Piemontesen. Darauf mußten sie ihre Taktik einrichten, und was die Piemontesen als Feigheit bezeichneten, war nichts anderes als die Taktik geländekun-

diger, einheimischer Kämpfer, die nicht nur zahlenmäßig weit unterlegen, sondern auch schlechter bewaffnet waren und in einer offenen Feldschlacht sofort aufgerieben worden wären.

Ein Bürger von Venosa sah sie kommen: *Einige waren mit alten, rostigen Flinten bewaffnet, die meisten hatten Handbeile, Sicheln, Spieße und Knüppel.*

Der Brigant Crocco stellte das reale Kräfteverhältnis in Rechnung. Als der Spanier Borjes vorschlug, ihm 500 Mann zu Fuß und 100 Berittene zu geben und zum Direktangriff übergehen wollte, antwortete Crocco trocken, mit Jagdgewehren könne man der Truppe nicht ins Gesicht sehen.

In seinem Bericht über die Eroberung von Venosa im April 1861 schreibt Crocco:

Es war besser, sich zu Beginn der Expedition nicht gleich der Gefahr einer Niederlage auszusetzen und die piemontesischen Soldaten nicht in offener Feldschlacht anzugreifen. Selbst eine teilweise Niederlage hätte sich nachteilig auf die Stimmung der Bevölkerung ausgewirkt und den Enthusiasmus beeinträchtigt, den ich nach und nach mit soviel Mühe überall im geheimen erzeugt hatte. Einem offenen und blutigen Krieg zog ich den listigen Krieg vor und verließ deshalb Straßen und Wege, um mich in die Wälder zu begeben, wo es leichter ist, einen Hinterhalt zu legen und zu siegen.

Meisterhaft beherrschten die Briganten die Taktik, Niederlagen und überlegenen Gegnern auszuweichen, um an anderer Stelle unerwartet anzugreifen. Hatten sie eine Stadt erobert, so zogen sie sich oft während der Nacht in die Wälder und Berge zurück, um nicht ihrerseits in eine Falle zu geraten. Sie kleideten sich zumeist bewußt wie Bauern und Hirten, um nicht aufzufallen, so daß die Piemontesen später, auf dem Höhepunkt der Brigantenbekämpfung, einfach jeden aufgriffen, der selbstgefertigte Lederkleidung trug.

Der Abgeordnete Graf Bianco di Saint Jorioz sah das damals schon ein:

Die Brigantenunruhen sollten unserer Regierung und unseren Militärs zu denken geben: Die Briganten besitzen alle

Eigenschaften, die unseren Soldaten im allgemeinen und dem Städter insbesondere fehlen, und zwar Aufgewecktheit, Aktivität, Kraft, Mäßigkeit, Energie, Wert, Mut und Intelligenz, geeignete Kleidung und besonderes Schuhwerk, das sie bei der Flucht in die steilsten, abschüssigsten und rauhesten Berge begünstigt, so daß sie einem manchmal nicht wie Menschen, sondern wie Gemsen, Rehe oder Hirsche vorkommen. Sie kommen und verschwinden wie Schatten oder Fantasmen und sind schon weit weg und in Sicherheit, wenn unser armer, heldenhafter, kleiner Infanterist, in ungeeigneten Schuhen, völlig unlogisch gekleidet und überlastet mit zahllosen Gegenständen, die in einem derartigen Krieg sinnlos und unnötig sind, noch am Fuß der Berge steht, keuchend und übermüdet, mit leerem Magen seit 10 oder 15 Stunden, mit durchgelaufenen Sohlen und mit Blasen an den Füßen . . .

Man muß also auch Carlo Levi korrigieren, wenn er das Fehlen einer Taktik bemängelt, zumal Crocco sogar soweit ging, Stolperrillen und Schützengräben gegen die Angreifer ausheben zu lassen. Die Piemontesen stellten sich erst in der roll-back-Phase darauf ein. Da ließen sie sich von Giuseppe Caruso, einem der bekanntesten Brigantenführer, den sie umgedreht hatten, Nachhilfestunden geben, und Caruso führte die Soldaten ins Gelände und gab ihnen regelrechten Unterricht in Taktik, um sie die Kriegsführung der Briganten zu lehren. Caruso ließ die Soldaten wie die Landbevölkerung einkleiden, damit sie nun ihrerseits die Briganten überraschen konnten. Die Zerstörung der Banden Croccos 1863/64 war im wesentlichen Carusos Werk.

Doch auch die Taktik der Briganten änderte nichts an der Tatsache, daß es ein aussichtsloser Krieg war, weil ihm die ideologische und organisatorische Anbindung an die norditalienische und europäische Arbeiterbewegung fehlte. Die Bauern und Hirten führten ihn, weil sie nur eine Alternative hatten: »Entweder Emigrant oder Brigant.«
Über die Aussichtslosigkeit half ihnen ein altes kalabresisches Sprichwort hinweg:
»Lieber ein Jahr Stier als hundert Jahre Ochse.«

Drittes Kapitel: Wer waren die Briganten?

1 Barbacani

Die Missetäter, die die Gegend unsicher machten, hatten nichts mit Partisanen des gestürzten Königs zu tun und waren nichts als Galeerensträflinge, die den »bagni« (den Zuchthäusern) entwichen waren.

So schrieb 1862 ein gewisser Marc Monnier in seinen »Historischen und dokumentarischen Notizen über das Brigantentum in den neapoletanischen Provinzen von den Zeiten des Fra Diavolo bis auf unsere Tage«, die in Florenz erschienen und 1965 in Neapel wieder aufgelegt wurden.

Monnier war Korrespondent in Neapel und schrieb u. a. für das »Journal des débats« und die »Revue des deux mondes« und leitete später in Genf die »Bibliothéque universelle«. Seine »Notizen« enthalten auch das Tagebuch von José Borjes, auf den ich später zu sprechen kommen werde.

Der Richter E. Pani-Rossi schreibt in »La Basilicata« (wie die Provinz Lukanien auch genannt wird) über den Brigantenführer Coppa:

Ein scheckiges Ungeheuer von rötlicher Farbe bis zum Weißen im Auge, das sich an Blut berauschte. Er war finster und schnell bei der Hand mit der Blutrache, selbst gegen die eigenen Verwandten.

Ein schönes Beispiel für richterliche Unabhängigkeit.

Don Luis Vives de Cañamas war ein Spanier, der aus dem Kirchenstaat in das ehemalige Königreich beider Sizilien hinüberwechselte, um den Brigantenführer Chiavone zu »unterstützen.« Nachdem er, ähnlich wie andere Edelleute, abgeblitzt war, schrieb er in seinem »Kriegstagebuch«:

Chiavone: Ein armer Irrer, der sich seiner Treue für die bourbonische Sache rühmt und unfähig ist, sie zu verteidigen. Er schadet ihr vielmehr mit den Ruchlosigkeiten, die er und die Seinen begehen. Er ist ein totales Nichts! Unwissend, ungebildet, aber mit der Arroganz eines Tieres. Keine Disziplin, obwohl er sich »General« nennen läßt.

Der Brigantenführer Ninco Nanco wird als *wildes Tier in Menschengestalt von bestialischer Grausamkeit* charakterisiert.

Verbrecher, Psychopathen, blutrünstige Ungeheuer, abgrundhäßliche Monster – so werden uns die Briganten in zahlreichen Berichten beschrieben.

Wer aber waren sie wirklich?

General Della Rocca sprach von »Kaffern« und »barbacani«.

Die »Kaffer« heißen bei ihm »cafoni«. Der Ausdruck ist in Norditalien und bei der dünnen süditalienischen Oberschicht noch heute geläufig und bezeichnet das süditalienische Subproletariat.

Ein anderer Ausdruck, der ebenfalls schon damals für die verarmten Massen des Mezzogiorno gebraucht wurde, ist: »terrazani«.

»La terra« ist die Erde und die »terrazani« sind diejenigen, die sie für einen Hungerlohn bearbeiten, weil sie ihnen nicht gehört. Es gibt sie noch immer im Süden.

»Barbacane« ist eine Verballhornung von »b-al-baqara«, das heißt: »Kuh-Pforte«. Doch mag das Wort noch aus einem anderen Grunde eine beliebte Diffamierung gewesen sein:

»La barba« heißt »der Bart« und »il cane« ist »der Hund«, so daß »barbacane« nicht nur die soziale Herkunft aus der Landwirtschaft bezeichnet, was in der italienischen Bourgeoisie immer als ein besonderer Makel gilt, sondern auch »bärtiger Hund« bedeuten kann.

Die Briganten waren Bauern, wobei gesagt werden muß, daß ein Bauer im Mezzogiorno etwas anderes ist als ein deutscher Bauer. Die süditalienischen Bauern, die Briganten wurden oder sie auch nur unterstützten, waren weniger wert als ein Knecht und zumeist schlechter gestellt als ein Tagelöhner in Deutschland im 19. Jahrhundert. Ich werde über die Lage der arbeitenden Bevölkerung im Süden berichten.

Die wenigen piemontesischen Autoren, die sich die Mühe machten, die Briganten soziologisch einzuordnen, bestätigten ihre bäuerliche Herkunft.

So schreibt Pasquale Villari in seinem Buch »Briefe an einen Chefredakteur«, das im März 1875 erschien und aus dem ich noch öfter zitieren werde:

In den Gefängnissen der Capitanata und anderswo sind fast alle Briganten aus dem bäuerlichen Proletariat.

Sie hatten oftmals in der bourbonischen Armee gedient und waren deshalb waffen- und kriegskundig. In einigen Banden kämpften auch Frauen mit. Die Geliebte von Ninco Nanco,

Maria Lucia Nella

Maria Lucia Nella, war selbst eine Brigantin, und in der Bande Schiavones gab es ein Mädchen, Filomena Pennacchio, das er entführt hatte, um ein Lösegeld zu erpressen. Mehrfach standen Brigantinnen an der Spitze, wenn eine Stadt sich den Briganten ergab.

In einer Bande in der Basilikata, schreibt Oscar De Poli in seinem 1865 in Paris erschienen Bericht »Von Neapel nach Palermo«, *traf ich drei Frauen, treue und mutige Gattin-*

nen, die mit ihren Ehemännern jedes Risiko teilten, bis zum Tod.

Fast alle Briganten waren stock-katholisch und tief religiös. Sobald sie eine Stadt erobert hatten, ließen sie den Klerus eine Dankesmesse abhalten und das »Te deum« singen. Viele trugen einen Rosenkranz als Talisman um den Hals. Die Kirchenfeindlichkeit der Liberalen verschaffte den Briganten und der bourbonischen Sache großen Zulauf. Briganten und Aufständische führten ihren Kampf gegen die Piemontesen auch als katholischen Glaubenskrieg.

Als General Pinelli in Ascoli am 3. Februar 1861 einen antiklerikalen Tagesbefehl erließ, druckten die bourbonischen Komitees ein Plakat, auf dem sie den Tagesbefehl, zusammen mit einer empörten Stellungnahme, nachdruckten.

General Pinelli schreibt da über die Briganten:

Ohne politische Prinzipien und nur an Raub und Mord interessiert, sind sie jetzt die vielgeschätzten Meuchelmörder des Papstes, der nicht der Statthalter Christi, sondern des Teufels ist. Wir werden sie vernichten und den priesterlichen Vampir davonjagen, der mit seinen schmutzigen Lippen seit Jahrhunderten das Blut unserer Mutter trinkt.

2 Die Veteranen

Ein Umstand trug besonders dazu bei, daß die Briganten Anfang der 60er Jahre einen ungewöhnlichen Zulauf hatten.

Zwischen November 1860 und Februar 1861 wurden im Mezzogiorno mehrere zehntausend Soldaten und Freiwillige entlassen.

Allein durch die Auflösung der bourbonischen Armee wurden 60000 Mann arbeitslos. Dazu kam die Auflösung der »Südarmee« Garibaldis im Winter 1860/61 und die Auflösung der Freiwilligeneinheiten des Belagerungscorps vor Gaeta nach dem Fall der Stadt im Februar 1861.

In seinem »Brief an die ehrenwerte Kommission zur Untersuchung des Brigantenwesens« schreibt Fabio Carcanis 1863:

Ich wiederhole als wichtigste Ursachen (des Brigantentums)
eine Reihe von Fehlern der Regierung.
In erster Linie die Massenentlassung der bourbonischen Sol-
daten ...
Jeder, der sich damals in Neapel befand, wie ich, sah eine
große Anzahl Soldaten aus den Quartieren und aus dem
Schloß kommen und unter dem Beifall und zur Zufriedenheit
aller Bürger in die Heimatorte zurückkehren.
Neapel jauchzte und es hatte guten Grund dazu, als es sie
fortziehen sah, denn nachdem Franz II. sich nach Gaeta
abgesetzt hatte, wurden sie zum Alptraum, ein Element des
Schreckens, das einen Wermutstropfen in die Freude und die
unbeschreibliche Begeisterung der Bevölkerung über die
Flucht des Bourbonen mischte, denn solange die Soldaten da
waren, mußten die Einwohner jederzeit mit einer reaktionä-
ren Erhebung rechnen.

Der Briefschreiber versucht offensichtlich einen Widerspruch zwischen bourbonischen Veteranen und Bevölkerung herzustellen, der, wie wir gesehen haben, in Wirklichkeit nicht bestand.
Unser Erzähler ignoriert das und fährt fort:

Doch die Orte, in die sie kamen, waren aus dem gleichen
Grunde, aus dem Neapel sich über ihre Abreise gefreut hatte,
unzufrieden über ihre Ankunft.
Im ersten Enthusiasmus über die geglückte Revolution wur-
den sie von ihren Mitbürgern mit Verachtung, Beleidigungen
und als Anhänger und Verteidiger der gestürzten bourboni-
schen »Tyrannei« beschimpft, bespitzelt und mißhandelt.
Voller Bitterkeit und Mißgunst zogen sich die Veteranen
deshalb in die Berge zurück, um sich für die erlittenen Belei-
digungen an ihren Unterdrückern zu rächen, und so bildeten
sich die ersten Kerne des Brigantenwesens.

Als König Viktor nach Neapel kam und Garibaldi nach
Caprera geschickt wurde, wurde auch die »Südarmee« aufge-
löst. Diese Maßnahme vergrößerte noch die Briganten-Ban-
den, denn, von wenigen ehrenhaften Ausnahmen abgesehen,
waren die garibaldinischen Kompanien aus anderen Elemen-

ten zusammengesetzt als im nördlichen Italien. Im Süden waren es größtenteils die verworfensten Menschen, die haßerfülltesten, die in der öffentlichen Meinung am niedrigsten standen, eine Horde aus dem Abschaum der Bevölkerung, die es gewagt hatte, die bewaffnete Revolution zu repräsentieren, nur um ihr verlorenes Ansehen in der Öffentlichkeit wiederherzustellen und später einen einträglichen Posten zu bekommen.

Nie werde ich den Eindruck vergessen, den unser schönes und freundliches Neapel bekam, als es die Kompanien der kalabresischen Bergbewohner durch seine Straßen marschieren sah: man hätte meinen können, das süße Land der Sirenen sei ein Hort für wilde Tiere geworden oder eine Räuberspelunke, einige hatten Gesichter, die mehr einem Tier ähnelten als einem Menschen, und die meisten waren wie Banditen gekleidet und nicht wie Soldaten.
Doch Garibaldi brauchte in dem Augenblick Partisanen und Neubekehrte, und es war ihm egal, ob sie ehrenhaft waren oder nicht, ob sie aus einer Stadt stammten oder aus einer Räuberhöhle.

Villari weist im übrigen noch auf einen Umstand hin, der das Brigantenheer abermals vergrößern half. Nachdem die Piemontesen innerhalb weniger Monate die bourbonische Armee, die Südarmee und die Freiwilligeneinheiten von Gaeta aufgelöst hatten, erging ein neuer Einberufungsbefehl, dem viele sich durch Flucht in die Berge entzogen, wo sie keine andere Wahl hatten, als sich einer der zahlreichen Banden anzuschließen.

Villari erwähnt in seiner Schilderung einige Faktoren, deren Bedeutung für das ungewöhnliche Anwachsen der Brigantenbewegung in den sechziger Jahren auch von anderen Autoren bestätigt wird.

Viele Leute, die unter den Bourbonen straffällig geworden waren und versteckt in den Bergen, zum Teil sogar als Briganten, gelebt hatten, erhofften sich von den Piemontesen einen Gnadenerweis, wenn sie sich der garibaldinischen Freiwilligenarmee gegen die Bourbonen anschlossen. Der Brigant der Briganten, Carmine Crocco, gehörte zu ihnen.

Als der Krieg zu Ende war, wurden sie aufgefordert, sich zu stellen und man versprach ihnen lediglich mildernde Umstände. Enttäuscht über den Vertrauensbruch gingen sie in die Berge.

Andere litten es nicht, nach der Rückkehr in ihre Dörfer von den neuen Autoritäten, die die Piemontesen eingesetzt hatten, wegen ihrer ehemaligen Zugehörigkeit zur bourbonischen Armee diskreditiert zu werden. Von dem bekannten Brigantenführer Coppa heißt es, er sei so arm gewesen, daß er auch nach der Entlassung den bourbonischen Waffenrock trug. Erbost über die Liberalen und Piemontesen, die ihn deshalb beschimpften und sogar tätlich mißhandelten, schwor er, sich zu rächen und wurde Brigant.

In ihrer Armut dürfte das eigentliche Problem der entlassenen Soldaten gelegen haben. Auf dem Hintergrund der unvorstellbaren Armut der breiten Massen des Mezzogiorno bildete die Entlassung einiger zehntausend Soldaten ein soziales Problem, das der einzelne für sich lösen mußte, zum Beispiel indem er in die Berge ging und Brigant wurde, um nicht zu verhungern und seiner Familie, die daheim im Dorf blieb, von Zeit zu Zeit ein paar Piaster oder auch nur ein Schwein oder ein Schaf bringen zu können.

Das erklärt auch die Tatsache, daß fast alle Briganten vorwiegend in der Umgebung ihrer Heimatorte operierten oder jedenfalls immer wieder in ihre heimatlichen Berge und Wälder zurückkehrten. Viele Briganten waren ehrbare Familienväter.

3 Carmine Donatello Crocco

Der berühmteste Brigant der 60er Jahre war Carmine Donatello Crocco, geboren 1829 in Rionero in Vulture, im Bezirk Melfi, wo er auch seine größten Erfolge errang.

Vom ihm und über ihn gibt es mehr Literatur, als über die meisten anderen Briganten: Zahlreiche Aufsätze, die Prozeßprotokolle seiner Vernehmungen in Potenza 1872, seine Autobiographie, die er dem Hauptmann Eugenio Massa diktierte, der sie in sein Buch »Die letzten Briganten der Basilikata« aufnahm, und sogar ein Interview, das er wenige

Tage vor seinem Tod, 1905 nach 38 Jahren Gefängnis, dem Journalisten R. Ribolla und dem Professor Ottolenghi gab.

Darin heißt es:
»Wie geht es Euch?«, frage ich ihn.
»Schlecht«, antwortet der Alte mit kaum verständlicher Stimme.
»Wie lange seid Ihr Brigant gewesen?«
»Etwa sechs Jahre, zwei unter der vergangenen Regierung und vier unter der jetzigen.«
»Was hattet Ihr für eine Bande?«
»Oh, bis zu 2000 Mann sogar!«
»Was war Euer Beruf?«
»Der von Abel, Kains Bruder.«
»Wie bitte?«
»Nun, eben Hirte.«
»Wie alt wart Ihr, als Ihr Brigant wurdet?«
»Ich ging in die Berge kurz nach der Einberufung.«
»Wie kam es, daß Ihr vom Soldaten zum Briganten wurdet?«
»Wegen einer Petition: Meine Mutter starb im Irrenhaus von Aversa und ich hatte vier Brüder und sechs Schwestern, alle jünger als ich, arme Kreaturen . . .
Erst schickte ich ein Gesuch an Ferdinand II. und erhielt keine Antwort. Dann schickte ich ein zweites, wieder nichts. Also sagte ich eines Tages zum König, da ich als Soldat oft die Möglichkeit hatte, ihm zu begegnen: Entweder Du sorgst für diese armen Menschenseelen oder Du kriegst es mit mir zu tun.
Wegen dieser Beleidigung bekam ich einen Monat Gefängnis.
Als ich wieder herauskam, desertierte ich, tötete zwei Gendarmen und ging in die Berge.«

Es scheint, daß Crocco noch unter den Bourbonen wieder verhaftet wurde, jedoch flüchten konnte, denn im Protokoll seiner Vernehmung heißt es am 3. August 1872:
Crocco gibt seine Vorstrafen zu (Verurteilungen, Ausbruch aus dem Gefängnis).
Frage: »Nach dem Ausbruch, wohin begabt Ihr Euch?«
Antwort: »Den ganzen Winter über hielt ich mich im Wald

von Monticchio versteckt. Als es Frühjahr wurde, beging ich zusammen mit zwei anderen Genossen verschiedene Delikte, das gebe ich zu, denn Crocco verschweigt nichts.

Am 18. August schloß ich mich den Freiwilligen an und ging mit ihnen nach Potenza, wo das Ende der alten Dynastie verkündet und die Regierung des geeinten Italien unter Viktor Emanuel ausgerufen wurde.

Ich erinnere mich, daß wir bei der Gelegenheit sämtliche Gendarmen in die Flucht schlugen und bis in die Berge von Vignola verfolgten.

In der Folgezeit beteiligten ich und meine Genossen uns an der Freiwilligenarmee dieser Provinz, die dann nach Auletta zog, wo wir uns mit den Bataillonen Garibaldis vereinigten, die von Kalabrien heraufkamen. Wir folgten dem General nach Neapel, S. Maria Capua etc. und nahmen an den Schlachten für ein unabhängiges Vaterland teil.

Als der Krieg zu Ende war, erhielten wir den verdienten Abschied und kamen hierher nach Potenza, um beim Gouverneur vorstellig zu werden, der uns versprach, daß man den Vorhang über unsere Vergangenheit ziehen würde.

Doch er hielt sein Versprechen nicht, und nach einem Monat, gegen Ende Dezember oder Anfang Januar, erfuhren wir durch ihn selber, daß ein Befehl vorlag, wir müßten uns stellen, zur Verhandlung über unsere Sache, andernfalls würde man uns verhaften.

Gleichzeitig wurde uns zugesagt, daß man die von uns geleisteten Dienste berücksichtigen werde, aber da man das erste Versprechen nicht gehalten hatte, hatten wir in das zweite auch kein Vertrauen.«

»Und was tatet Ihr?«

»Ich tat, was ich tun mußte. Ich ging ein zweites Mal in die Berge, denn ich besaß kein anderes Haus oder einen Palast, wo ich sicher gewesen wäre.

Bei mir selbst dachte ich jedoch, da ich die Beschwerlichkeiten des Brigantenlebens kannte, daß es mir möglich sein müßte, mich in Barletta oder einem anderen Hafen der Adria einzuschiffen und nach Griechenland zu fahren, und ein beschaulicheres Leben zu führen, fern von Verfolgungen.

Fatalerweise ereignete sich aber ein Vorfall, der mich diese Absicht aufgeben ließ. Einige Personen, die ich nicht nennen möchte, ließen mich im geheimen zu sich rufen und forderten mich auf, an einer bourbonischen Gegenrevolution teilzunehmen, für die bereits alle Vorbereitungen getroffen worden seien.«

Carmine Donatello Crocco

Als ich ihn das letzte Mal traf, schreibt sein Biograph Eugenio Massa, *1889, war er rüstig und robust. Er ist ziemlich groß (1,78 Meter), sein Körper ist gut entwickelt und wohlproportioniert, und man kann ihn deshalb einen schönen Mann nennen.*
Seine Augen sind kastanienfarben, die Haare leicht gewellt, die Nase griechisch, Mund, Stirn und Gesicht regelmäßig, das Antlitz großflächig und trotz seiner 60 Jahre kaum von Falten gezeichnet. Er wirkt ruhig, heiter, höflich und zurückhaltend

gegen jedermann, respektvoll gegenüber den Gefängnisaufsehern und voll Anerkennung gegen jeden, der ihm zu Diensten ist.
Sein Verstand ist schnell und seine Phantasie geht leicht mit ihm durch. Manche seiner Schilderungen gelingen ihm wunderbar farbig, und die Sentenzen, mit denen er seine Erzählungen abzuschließen pflegt, sind oftmals sehr wahr und richtig.

Mit seiner Schlauheit und seiner Intelligenz, seinem Durchsetzungsvermögen, seinem taktischen Geschick und seinem Organisationstalent hätte Crocco einen hervorragenden Revolutionsgeneral abgegeben, aber der Mangel an theoretischen Köpfen verhinderte, daß sich aus der Brigantenbewegung eine soziale Revolution entwickelte, daß aus den Sozialrebellen Sozialrevolutionäre wurden.

4 Lustig ist das Brigantenleben

Ich sagte: Die Brigantentaktik war in erster Linie eine Überlebenstaktik. Sie war es in zweifacher Hinsicht. Einmal garantierte sie das Überleben der Banden und die Fortsetzung des Krieges gegen den vielfach überlegenen Gegner.
Zum anderen bildete das Brigantenleben für zahlreiche Subproletarier die einzige Möglichkeit, nicht zu verhungern. Wie die Briganten lebten, schildert Crocco in dem Interview wenige Tage vor seinem Tod.
»Ist das Leben als Brigant schlecht?«, wird er gefragt.
Er antwortet: »Es ist ein Leben in Unabhängigkeit.« Dann fängt er an, zu erzählen.

Wenn den Briganten keine Gefahr von einer nahepostierten Truppe droht, schlafen sie normalerweise im Schatten riesiger Eichen, kreuz und quer auf der Erde ausgestreckt. Als Kopfkissen benutzen sie einen Feldstein oder eine Erdscholle. Die Gewehre lehnen am Baumstamm und die Patronengürtel hängen an den Gewehrkolben.
Rundherum, weit außerhalb des Lagers, sind Wachtposten aufgestellt, während geheime Späher sich in der Nähe der Gegner aufhalten und jede Truppenbewegung melden. Die

Anführer schlafen für sich, in Hütten aus Laub und Zweigen
und mit Strohdächern, auf weichen Lagerstätten und manch-
mal haben sie eine Geliebte bei sich. Zur Verstärkung der
Wachtposten auf den Berggipfeln, auf Baumwipfeln oder auf
der Höhe einer zerfallenen Burg haben wir Hunde, gewaltige
Schäferhunde, die die Gefahr auf eine Entfernung riechen, in
der das Auge noch nichts wahrnehmen kann.
Die Pferde weiden im Dickicht der Wälder, immer zehn mit
einem Seil zusammengebunden.
Die Verwundeten und die Kranken werden im Innern der
Wälder untergebracht, mit genügend Stroh als Lager und den
wenigen Decken, die wir haben. Sie werden mit Liebe behan-
delt, wobei die praktische Erfahrung die Wissenschaft und die
ärztliche Kunst ersetzen muß: Die Wunden werden mit Was-
ser und Essig gewaschen, und die üblichen Heilmittel sind:
Kartoffeln, Eiweiß, geschlagenes Olivenöl und Kräuter und
zerrupfte Leinwand zum Verbinden.
Es mag lächerlich erscheinen, daß die Kartoffel eine gute
Medizin sein soll, aber sie ist sehr nützlich, oder jedenfalls galt
sie dafür bei uns Briganten.
Wenn man die Kartoffel zerstößt, sondert sie eine milchige
Salbe ab, die das verdorbene Blut aufsaugt und Vergiftungen
durch Schießpulver verhindert, sie läßt Schwellungen zurück-
gehen und zieht Risse zusammen. Olivenöl mit zerstampften
Kräutern verwendeten wir für Stich- und Schnittwunden.
Für die Verpflegung ist die Bande in mehrere Gruppen aufge-
teilt, die von einem Verpflegungsoffizier geleitet werden. An
einem nicht so steilen Abhang, möglichst an einer überdeck-
ten Stelle, damit uns der Rauch nicht verrät, werden die Feuer
angezündet. In einiger Entfernung sind die Köche dabei, die
Lämmer zu enthäuten, die Schweine auszunehmen, die Hüh-
ner und Truthähne zu rupfen, und während andere Holz
machen, um genügend Brennmaterial zu haben, ist das
Fleisch schon fertig und kann gebraten werden.
Die Lebensmittel werden auf den großen Bauernhöfen und
oft auch in den Dörfern mit der Waffe in der Hand requiriert.
Man umzingelt die Häuser in der Nacht, und während einige
die Bauern gefangenhalten, durchsuchen andere die Stallun-
gen, den Hühnerstall und die Keller. Das Geld für die Bezah-
lung der requirierten Waren erhalten wir von den Herren,

seien es Bourbonen oder Liberale. Die einen geben es uns freiwillig, und die anderen werden mit Drohungen dazu gezwungen. Weigern sie sich, so werden ihre Kulturen abgeschnitten oder verbrannt, ihre Sachen zertrümmert undsoweiter.

Das Leben, dessen Beschreibung hier fast idyllisch klingt, war für zahllose Süditaliener die einzige Alternative. Die Arbeit, wenn es sie gab, hatte den Charakter von Sklavenarbeit, und Arbeiter wie Arbeitslose litten erbärmlichen Hunger. Essen wie ein Brigant war deshalb eine ernstzunehmende Motivation.

Vollends märchenhaft mußte den ausgepowerten Massen ein Fest erscheinen, wie Crocco es in seinem autobiographischen Bericht beschreibt.

Am 15. August 1861, Mariä Himmelfahrt, befahl ich, zur Feier unseres Sieges über die Garnison von Rionero zweihundert Schafe zu schlachten, an die tausend Hähnchen, zwei Fässer Wein aufzufahren und anderes, das wir größtenteils auf dem Gutshof des Hauptmanns Giannoni aus San Fele erbeutet hatten.

Als Sold erhalten die Anführer einen Prozentsatz der Lösegelder, und auch die Soldaten erhalten einen bestimmten Betrag, während diejenigen, die nur vorübergehend bei uns dienen, am letzten Tag fünf Scudo erhalten.

Es mag manch einem seltsam vorkommen, wie meine so große und wunderbare Bande sich von 1861 bis 1864 halten konnte und wie sie, trotz der fortgesetzten Verfolgungen durch die Truppe, unbeschadet das ganze Territorium zwischen Kirchenstaat und Lukanien beherrschen konnte.

Zu unserer Sicherheit trugen vor allem die Herren mit ihren enormen Hilfsmitteln oder zumindest mit ihrer Verschwiegenheit bei. Ich selber, der dies schreibt, schlief nur selten im Lager und wohnte und aß zumeist in den Häusern von Herrschaften, die keiner anzutasten gewagt hätte und die über jeden Verdacht erhaben waren.

Viele dieser Leute verrieten mich nicht, weil sie Angst hatten, obwohl ich sie niemals bedrohte, aber viele nahmen mich auch aus Interesse auf oder aus Geltungsbedürfnis.

Noch heute schuldet mir ein angesehener Priester einige tausend Dukaten. Als ich das Geld zurückhaben wollte, flüchtete er nach Neapel.

Ein anderer Faktor, der uns sehr begünstigte, war die Spionage. Unsere Vertrauensleute waren oftmals gleichzeitig Regierungsspitzel, die also vom Staat bezahlt wurden, und auf diese Weise wußten wir immer über Truppenbewegungen Bescheid.

Mehr als einmal übermittelten wir selber exakte Informationen an die militärischen Befehlshaber, um das Ansehen unserer Mittelsmänner zu stärken, und unterrichteten die Truppe über den Standort unserer Lager.

Wenn dann die Truppe kam, um uns zu jagen, hatten wir bereits unsere Maßregeln getroffen, und je nach ihrer Stärke griffen wir sie an oder flüchteten rechtzeitig.

Nicht wenige unserer Vertrauensleute gehörten der Nationalgarde an und durch sie erhielten wir genaue Kenntnis vom Standort der Waffenlager und der nächtlichen Patrouillen, so daß wir uns immer in völliger Sicherheit bewegen konnten.

Eine große Hilfe war auch unsere genaue Ortskenntnis, der Waldreichtum der Gegend, die Fähigkeit, in der Wildnis zu leben, die wir uns erworben hatten, unsere Genügsamkeit und Waghalsigkeit; das alles waren gewichtige Faktoren, die uns stark und gefürchtet machten.

Man mag sich fragen, warum so viele Bürger und Adlige im Mezzogiorno die Briganten und die antipiemontesischen Volksaufstände unterstützten oder sogar schürten.

Ich werde im Zusammenhang mit der Darstellung der sozialen Lage des Südens zeigen, daß das Königreich beider Sizilien ein ausgesprochener Parasitenstaat war. Durch den Wegfall des bourbonischen Hofes, durch die Beamtenentlassungen und die Beseitigung der bourbonischen Administration verloren alle diese Parasiten ihre soziale Stellung und ihre Pfründen und sahen sich ernsthaft bedroht, da die Piemontesen in einem ersten Moment den Eindruck machten, als wollten sie die süditalienische Mißwirtschaft ein für alle Male beenden.

Verständlich also, daß nicht nur zwischen dem süditalienischen Proletariat und der norditalienischen Bourgeoisie, sondern anfangs auch zwischen den beiden Bourgeoisien und der Nobilität des Nordens und des Südens ein Widerspruch bestand. Das wirft natürlich generell die Frage nach dem Charakter der sozialen Perspektive des Brigantenkrieges und der Volksaufstände auf.

5 Patrioten oder Klassenkämpfer?

Der englische Soziologe Eric J. Hobsbawm, der in seiner Studie »Sozialrebellen. Archaische Sozialbewegungen im 19. und 20. Jahrhundert« (deutsch im Luchterhand Verlag 1962) auch die Brigantenbewegung der sechziger Jahre und die süditalienischen Volksaufstände streift, spricht ihnen jede Perspektive ab:

Das Sozialbanditentum, ein allgemeines und eigentlich gleichbleibendes Phänomen, ist wenig mehr als ein lokaler und endemischer Protest der Bauern gegen Unterdrückung und Armut: ein Rachegeschrei gegen die Reichen und die Unterdrücker, ein vager Traum, ihnen Schranken zu setzen, eine Wiedergutmachung persönlichen Unrechts. Seine Ziele sind bescheiden: die Bewahrung einer traditionellen Welt, in der die Menschen gerecht behandelt werden, nicht etwa eine neue und vollkommenere. Soziales Banditentum wirkt eher epidemisch als endemisch, wenn eine bäuerliche Gesellschaft, die keine besseren Mittel der Selbstverteidigung kennt, unter Bedingungen einer außerordentlichen Spannung und Spaltung gerät. Sozialbanditentum hat so gut wie keine Organisation oder Ideologie und ist völlig außerstande, sich einer modernen sozialen Bewegung anzupassen. Seine am höchsten entwickelten Formen, die an nationalen Guerillakrieg grenzen, sind selten und, auf sich selbst gestellt, unwirksam. (Seite 18)

An anderer Stelle (Seite 39) beschreibt Hobsbawm Gegner und Bundesgenossen der Briganten:

Dank einer reichen wissenschaftlichen Literatur versteht man jetzt diese Brigantenepoche recht gut, und nur sehr wenige Forscher teilen noch die Verständnislosigkeit kleinbürgerlicher Liberaler, die in ihnen nichts anderes als ein Massenverbrechen und Barbarei, wenn nicht gar eine rassische Unterlegenheit der Südländer sahen.

In gewisser Weise waren die Briganten – in zerrissenen Bauerntrachten mit bourbonischen Rosetten oder auch in etwas prächtigerer Aufmachung – die Rächer und Helden des Volkes. Wenn ihr Weg auch eine Sackgasse war, so sollten wir doch die Sehnsucht nach Freiheit und Gerechtigkeit, die sie antrieb, nicht leugnen.

Folglich sind auch die typischen Opfer der Banditen die grundsätzlichen Feinde der Armen. Wie die Überlieferung berichtet, sind es immer die gleichen, die von ihnen besonders gehaßt werden: Rechtsanwälte, Prälaten und faule Mönche, Geldverleiher und Händler, Ausländer und andere, die die traditionelle Ordnung des Bauernlebens umgestürzt haben. Fast nie gehört in vorindustriellen und vorpolitischen Gesellschaften der Landesherr zu diesen verhaßten Figuren; er ist unerreichbar und verkörpert die Gerechtigkeit.

Während des Brigantenkrieges in der ersten Hälfte der sechziger Jahre des vorigen Jahrhunderts waren die Piemontesen die Ausländer, die die traditionelle Ordnung umgestürzt hatten, und gehaßt waren vor allem die Großgrundbesitzer und Kaufleute. Papst, Bischöfe und Priester sowie die gestürzten Bourbonen verkörperten hingegen die traditionelle Ordnung. Im Kirchenstaat war der Papst sogar Landesherr.

Patriotismus und Klassenkampf sind für die Briganten und das mit ihnen verbündete Volk mithin keine Gegensätze. Sie ergänzen sich vielmehr. Der Kampf gegen die fremden Piemontesen und für die Wiedereinsetzung der vertriebenen Bourbonen ist geradezu eine Art Legitimation, die dem Klassenkampf fehlt, solange er keine eigene Theorie entwickelt hat.

Andere Gesichtspunkte mögen dabei mitgespielt haben, den Kampf für die gestürzte Dynastie immer wieder zu betonen. Er gestattete es den Brigantenführern, ihre Leute

mit einem Minimum an militärischer Hierarchie und Disziplin einigermassen zu ordnen, indem sie ihnen suggerierten,
im Grunde genommen reguläre Soldaten zu sein. Der Brigant Pasquale Romano, von dem ich noch berichten werde,
ging soweit, seine Leute einen regelrechten Fahneneid
schwören zu lassen, mit dem sie sich ihm zu unbedingtem
Gehorsam verpflichteten.

Mit dem Eid akzeptierten die Briganten die Todesstrafe,
falls sie jemals zu den Piemontesen überlaufen sollten und
verpflichteten sich, nicht ohne Erlaubnis ihres Anführers
einer anderen Bande anzugehören. Der Eid wurde auf S. M.
Franz II. König beider Sizilien und seine Heiligkeit Pius IX.
geleistet.

Eine gewisse Rolle mag auch die Freude vieler Brigantenführer an militärischem Gehabe und Mummenschanz gespielt haben. Es ist auffallend, wieviele Briganten wert auf
militärische Dienstgrade und die entsprechenden Verlei-
hungsurkunden legten. Dergleichen Urkunden waren natürlich nur etwas Wert, wenn sie von einer hochgestellten Per-
sönlichkeit, möglichst vom Papst oder vom König selber
ausgestellt waren. Mancher Brigantenführer wäre sicher
gern General der regulären Armee geworden.

Das Zeug dazu hätten viele gehabt, aber ihre Herkunft ließ
ihnen nur die Karriere als Brigant.

Das Hauptmotiv dafür, immer wieder die patriotische Karte
zu spielen, war die materielle Unterstützung durch den
Papst und die Franzosen im Kirchenstaat und die bourbonischen Komitees in den süditalienischen Kleinstädten.

Zahlreiche Brigantenführer beschwerten sich zwar immer
wieder, daß die versprochenen Unterstützungen nicht eintrafen. Andererseits gibt es Berichte über ganz erhebliche
finanzielle Zuwendungen.

In der Karikatur tauchen immer wieder Franz II., der Papst
oder ein Erzbischof auf, die den Briganten Goldstücke in die
Taschen stecken, und auf Stichen sieht man Mönche Briganten verproviantieren.

Äußerungen von Briganten, die darauf verweisen, daß ihnen der Klassencharakter ihres Kampfes bewußt war, gibt es viele. Der Richter Pani-Rossi schreibt über den Briganten-führer Tortaro:

Totaro

Tortaro hatte ein abgerissenes Ohr und die lange Narbe eines Säbels im Gesicht. Er rühmte sich, fast alle seine Morde selber ausgeführt zu haben, das sei seine Kunst. Lösegelder und Beute begründete er mit der Notwendigkeit, für sich und seine Leute den Lebensunterhalt zu bestreiten. Zornig wurde er, wenn man ihn einen Gauner nannte.
Er pflegte zu sagen:
»Gauner sind die feinen Herren in den Städten, vor allem aber meine reichen Mitbürger, und wenn ich sie umbringe,

gebe ich ihnen nur die Gerechtigkeit, die sie verdienen. Wenn alle Armen wüßten, was für sie am besten ist, bliebe nicht einer der Herren am Leben.«

Die meisten Äußerungen in dieser Richtung stammen von Crocco, einfach, weil von ihm das meiste überliefert ist. In seiner Biographie schreibt er:
Wehe den Mächtigen, wenn der Mensch die Kraft erkennt, die in seinen Händen steckt, wehe den Unterdrückern, wenn der Mensch erfährt, welche Rechte und Pflichten er hat!

Crocco schrieb auch Gedichte. Eines davon lautet:
. . . die wahnsinnige Mutter, von Unglück erfüllt,
unser Haus in Armut und Trauer gehüllt,
und unser Hunger noch nicht gestillt!

Weiter aus seiner Biographie:
Am 15. August 1860, in unserer Provinz, Hochrufe, es lebe Viktor Emanuel, Garibaldi, Italien, es lebe die Einheit, die Bruderschaft, wer vermöchte den Jubel des Volkes zu beschreiben, niemand, so wie niemand geglaubt hätte, daß dieses jubelnde Volk sich nur wenige Monate später gegenseitig abschlachten würde. Und warum? Ein Wort genügt, die Gewinnsucht und die Schamlosigkeit einiger Männer, die sich »Herren« nennen ließen, die Herren waren, die Herren sind und für immer die Herren sein werden, weil die Regierung in ihrer Blindheit die Eidechsen zu ihren Soldaten machte und die Giftschlangen an ihrer Brust nährte, bis diese sie fest in den Zähnen hatten und sich daran machten, die Schlängelchen auszurotten; eines davon bin ich.
Doch es ist gut zu wissen, daß ein Volk, das bereit ist, für seinen Souverän zu sterben, wenn es schon kein Lob verdient, wenigstens das Mitleid wert ist. Ich bin ein Sklave, niedergedrückt vom Gewicht der Ketten, geknechtet von der Armut, schmählich verlassen, alt und krank, ohne Schulbildung, und doch, wenn ich erzählen könnte, so bliebe denen, die nach mir kommen eine Lehre, die vor allem den Söhnen des Elends und der Armut nicht allen, aber einigen, dazu dienen könnte vorsichtiger zu sein.

74

Der Gedanke, der Brigantenkrieg könnte kommenden Generationen als Lehre dienen, kommt Crocco auch an anderer Stelle:

Wer weiß, vielleicht werden diese meine Tintenkleckse in tausend Jahren einen Nutzen haben, den wir heute nicht einmal ahnen. Vielleicht, daß bei soviel intellektuellem Fortschritt einer kommt, der versteht, was ich gesucht habe, und indem er die Geschichte meiner Bande von 2200 Mann, die für einen einzigen sterben mußten, beschreibt, eine wirksame Medizin findet, die das Menschengeschlecht regenerieren hilft.

Ich habe es nie geschafft, zu begreifen, wie die menschliche Gesellschaft beschaffen ist; ich weiß nur, daß niemand den Unehrenhaften mag und daß alle ihn fliehen. Doch das Gesetz bestraft ihn nicht. Und dann nennt man denjenigen ruchlos, der ihn umbringt . . ., und man will wirklich nicht begreifen, daß nicht alle Menschen es wert sind, zu leben.

Er stand auf der Seite der Armen und Unterdrückten, und doch konnte auch er nicht verhindern, daß sie unter dem Krieg, den er für sie führte, zugleich litten. In seiner Einleitung zu »Die letzten Briganten der Basilikata« schreibt Eugenio Massa:

Als Todfeind von Patriziern und Reichen, erwartete er von den Seinen den allerhöchsten Respekt für die Armen, was ihm gewisse Sympathien eintrug, aber nicht durchweg, da die Briganten, die er befehligte und die die besetzten Ortschaften plünderten, oftmals Reiche und Arme gleichermaßen überfielen und – da die Reichen mit ihren Frauen und Kindern oftmals noch rechtzeitig geflüchtet waren – ihre brutale Lust an den Frauen aus dem Volk stillten.

Mehrfach bekannte er, Sozialist zu sein. Zwar bezeichnete er Eugenio Massas Niederschrift seiner Biographie in dem zuvor erwähnten Buch als »gewisse Lügen der Erinnerung, die ich im Gefängnis diktierte«, doch wird die Autobiographie Croccos allgemein für im wesentlichen authentisch gehalten, wenngleich die Transkription aus der ungehobelten Dialektsprache ins Hochitalienische gewisse Fehler mit sich gebracht haben wird. Eugenio Massa schreibt über Crocco:

*Er ist ein Philosoph oder verliert sich zumindest oft in philo-
sophischen Meditationen, um sich anschließend, wenn er zu
keinem Schluß kommt, der seinen Verstand beruhigt, zu
Verwünschungen hinreißen zu lassen – gegen die Regierung,
gegen die Gesellschaft, gegen das Gesetz und manchmal sogar gegen das Vaterland und Gott.
Er ist Sozialist und zeigt es, indem er die Gesellschaft als einen
pervertierten und korrupten Organismus definiert, aus dem
ein neuer, gesunder tüchtiger Organismus hervorgehen
müsse. Die Klagen, die aus seinem Mund kommen, betreffen
das enorme ökonomische Ungleichgewicht zwischen armen
Bauern und reichen Patriziern. Was ihn selber angeht, so
bedauert er sein Geschick, das ihn arm zur Welt kommen ließ,
während er in sich das Zeug spürt, ein großer Mann zu
werden, der er nur wegen seiner niedrigen Herkunft nicht
geworden ist.*

Im Verhör im Sommer 1872 fragt ihn der Präsident des
Schwurgerichts von Potenza, der Hauptstadt der Basilikata:
*Carmine Crocco, hört: Entweder Ihr seid ein großer Narr
oder ein enormer Pechvogel. Ihr wart im Gefängnis unter der
alten Regierung, in Rom und jetzt. Die Reaktion hat Euch
fallen gelassen, die Liberalen auch, und es scheint, daß es für
Euch niemals Frieden geben wird.*
Und Crocco antwortet:
*Niemals Frieden, unter keiner Regierung und zu keiner Zeit.
Versuchen wir jetzt, Frieden zu machen, um Himmels willen.
Diese vier Knochen sind mir geblieben, jetzt mag Onkel
Viktor sie holen, in lauter kleine Stücke hauen und sich
Knöpfe daraus machen lassen!*

»Tata Vittorio« (Onkel Viktor), nannte das Volk den pie-
montesischen König Viktor Emanuel.
Die zahllosen Toten der piemontesischen Brigantenverfol-
gungen nannte es: »Un mucchio d'ossa per Tata Vittorio.«
Das heißt zu deutsch: »Ein Haufen Knochen für Onkel
Viktor.«

7 Gold für alle

Auf der Seite der Piemontesen hörte man ungern, daß der Brigantenkrieg gewisse Klassenaspekte hatte. Dennoch sagte der Abgeordnete Bixio in der Parlamentssitzung vom 18.4.1863 während der Debatte über den Haushalt des Ministeriums für Gnade und Justiz:
In Süditalien wollen diejenigen, die einen Mantel besitzen, diejenigen hinschlachten, die keinen haben.
Damit waren die Maßnahmen zur Ausrottung des Brigantentums als Klassenkampf von oben bezeichnet.

Enea Pasolini, Offizier bei den Lanzenreitern, schrieb in einem Brief an seinen Vater, einen Großgrundbesitzer und gemäßigten Politiker aus dem Norden:
Das Brigantentum ist hier außerordentlich stark, es ist ein regelrechter Bürgerkrieg der Armen gegen die Reichen und tatsächlich sind die sozialen Unterschiede sehr groß.

Der Abgeordnete Castagnola, Mitglied des parlamentarischen Untersuchungsausschusses, bestätigte diese Feststellung in seiner Rede am 31. Juli 1863, wenngleich schon etwas weniger freundlich:

In gewissen Gegenden gibt es einen regelrechten Krieg der Neider – einen Haß derjenigen, die nichts besitzen und die sich als Opfer und Unterdrückte fühlen, gegen diejenigen, die wohlhabend sind.

Solche Äußerungen bilden die Ausnahme. In der Regel definiert man die aufständischen Massen als wüsten Pöbel und die Briganten als besonders schlimme Verbrecher. Für zwei Autoren – Carlo Capomazza und Pasquale Villari – enthält diese Einschätzung einen für die Piemontesen sogar positiven Aspekt, denn Plebs und Verbrecher können der Regierung zwar zu schaffen machen, ihr jedoch unmöglich gefährlich werden. In seinem Buch »Das Brigantentum in den italienischen Südprovinzen« schreibt Capomazza:

Unser Plebs ist – im Unterschied zu den Plebejern des übrigen Europa – noch immer der gleiche wie am Anfang der Geschichte dieses Volkes. Ein neapoletanischer Bauer des Jahres 1863 und des Jahres 1799 gleichen sich aufs Haar. Und nicht nur die Bauern. Denn diese, wie man sagen könnte: »große chinesische Mauer«, mit der Ferdinand II. (von Bourbon) sein Königreich von der Außenwelt isolierte, verhinderte jede Verbesserung der Lage der Bevölkerung insgesamt. Andernorts erhob und entwickelte sich der Plebs – infolge der Industrialisierung und des wachsenden Handels, der verbesserten Verkehrsverbindungen und des Unterrichtswesens – und forderte politische Umwälzungen, aber weniger leichtsinnig und vor allem ohne sich, wie bei uns, außerhalb der menschlichen Gesellschaft zu stellen.

Bei uns hat der Plebs keine Konzeption und keine politischen Neigungen, er muß vor den öffentlichen Streitkräften zurückweichen und gibt sich, sobald die Truppe abzieht, fast aus Instinkt Raub und Bluttaten hin. Er wirft sich in die Straßen, um Beute zu machen, während er in anderen Ländern, in viel gefährlicherer Weise, aber weniger wild, die Besitzenden und die Reichen tatsächlich bedroht.

In Frankreich gab es keine Briganten 1848; doch Leute ohne Namen wollten neue Normen des sozialen Lebens mit Gewalt durchsetzen und das Eigentum und die Familie abschaffen.

Leute von der gleichen Art und in den gleichen sozialen Bedingungen werfen sich hier in Neapel auf die Straße, um zu rauben, oder man bereitet eine Plünderung im Namen des Königs oder des heiligen Glaubens vor.

Ich weiß nicht, welches der beiden Übel besser ist: Dort der Totalangriff auf Eigentum und Familie und die Notwendigkeit, sie mit Kanonen inmitten übervölkerter Städte zu verteidigen, und hier für jedermann die Gefahr, daß sein Eigentum geplündert und die Familie vergewaltigt wird; und sich in winzigen Gefechten in den Bergen oder auf dem Land verteidigen zu müssen.

Pasquale Villari vertieft diesen Gedankengang und kommt zu dem Ergebnis, Briganten seien immer noch besser als Sozialisten. Er erkennt, daß Briganten zwar die öffentliche Sicherheit gefährden, nicht jedoch die bestehende Sozialordnung.

Patriotismus, Klassenkampf und plebejischer Vandalismus waren die drei nicht voneinander zu trennenden Elemente des Brigantenkrieges. Der Patriotismus, der mehr ein süditalienischer Autonomismus war und die Allianz zwischen den Massen und der Bourgeoisie des Südens voraussetzte, war erforderlich, um den piemontesischen Gegner dingfest zu machen, und den plebejischen Vandalismus konnte kein Brigant unterbinden, wenn er nicht die Gefolgschaft der Massen verlieren wollte.

Im Gebiet von Catanzaro erließ der oberkommandierende General – wie sich der Brigantenführer Luigi Muraca nennen ließ – am 16. Juli 1861 folgende »Proklamation der kalabresischen Briganten«:

»Den schmeichlerischen Versprechungen folgte der Betrug, dem Wohlstand folgte die Armut, der Freiheit die Sklaverei. Nur wer blind ist, sieht nicht, wohin uns die falschen Liberalen geführt haben, die sich ein rotes Tuch umbanden und uns einen großen Laib Brot versprachen und doch nur wollten, daß wir ihnen die Zeche bezahlten.

Wenn es beim Volksentscheid ohne Gewalt zuging, warum erheben sich dann jetzt die Provinzen der ehemaligen bourbonischen Regierung? Warum die Unzufriedenheit aller Klassen, mit Ausnahme derer, die satt zu essen haben? Und wie ist es um die Freiheit unter einer freiheitlichen Regierung bestellt, wenn die Gefängnisse unseres Königreichs überquellen von »Reaktionären«, die in Wahrheit den edlen Namen der Briganten tragen? Wo bleibt der Reichtum, wenn der Fiskus leergesaugt wird, die öffentlichen Kassen ausgeplündert werden, die reichste unserer Metropolen, Neapel, in Armut gestürzt wurde?

Kommen wir zu den Tatsachen, Kalabresen! Wir haben unsere Kampagne nicht wie jener Cialdini mit kriegerischen Erschießungen begonnen, sondern mit der Friedenspalme, der Lilie und der Fahne unseres legitimen Souveräns, Franz II., Sohn einer Heiligen, Großneffe eines Heiligen. Wehe dem, der sich meinen Banden widersetzt, die nicht als Rebellen in die Dörfer und Städte der tapferen Kalabresen kommen. Mit uns ergreift ihr den rettenden Anker, gegen uns hat euere letzte Stunde geschlagen.«

Deutlich kommt hier zum Ausdruck, wie sich in der Brigantenbewegung nationale und soziale Fragen vermischten. Tatsächlich waren sie nicht voneinander zu trennen. Nicht nur, daß die Piemontesen – was Muraca bereits andeutet – den ohnedies schon armen Süden innerhalb weniger Jahre regelrecht ausplünderten, den größten Teil der vorhandenen öffentlichen Mittel in den Norden schickten und durch den Abbau der neapoletanischen Schutzzölle die blühende Wirtschaft Neapels innerhalb kürzester Frist ruinierten.

Die Piemontesen verstanden es auch, Teile der besitzenden Klassen des Südens binnen kurzem auf ihre Seite zu ziehen, indem sie ihre Privilegien und ihren Besitzstand nicht nur bestätigten, sondern – wie wir sehen werden – durch neue Gesetze noch vergrößerten.

Was schließlich die Plünderungssucht der süditalienischen Massen betrifft, so gibt Crocco selber zu, wie stark er sie in sein Kalkül mit einbezog.

In seiner Autobiographie schreibt er dazu:

Und nach so vielen Gefängnisjahren kann ich mich noch heute daran begeistern, wenn ich an die ersten Tage im April 1861 denke, als ich aus der »Ginestra«, dem Wald von Lagopesole, kam und im gesamten Gebiet von Melfi, von Barile bis Ripacandida, als der neue Befreier umjubelt und mit wahrhaft triumphalen Ehren empfangen wurde.

Allen versprach ich Meere und Berge, Ehre und Ruhm in Hülle und Fülle. Den Bauern machte ich Hoffnung auf die Latifundien ihrer Herren, den Hirten versprach ich die Herden, die ihnen anvertraut waren, den Herren sicherte ich die Wiedererlangung der Reichtümer ihrer Vorfahren und den Ruhm ihrer verfallenen Burgen und Schlösser zu, und allen verhieß ich viel Gold und Wagenladungen voller Ehrungen.

Und so – während ich mich zur Stützung meiner Macht auch der niedrigsten, dümmsten und ehrgeizigsten Elemente bediente – bedienten sich der Klerus und die adligen Bourbonen meiner, um aus der Reaktion ihren Nutzen zu ziehen.

Mönche bewirten die uniformierten Briganten des Chiavone

Viertes Kapitel: Die vier Tage von Melfi und andere Begebenheiten

1 Einer wird umerzogen

Salvatore Giampetruzzi kam aus dem Felsenkeller seines Vaters als er die Frauen auf den Straßen tanzen sah. Sie hatten Tamburine in den Händen und schlugen damit den Takt. Einige trugen alte Militärjacken und hatten Soldatenmützen auf dem Kopf. Außer ihnen war viel Volk auf den Straßen und alle waren bewaffnet, mit Flinten, Beilen, Rebenmessern und Sicheln.

Salvatore war noch jung, ganze siebzehn Jahre alt. Sein Vater war ein überzeugter Anhänger der gestürzten Bourbonen und hatte den Zoll gepachtet, der auf alle Mehlerzeugnisse erhoben wurde, die in die Stadt kamen.

Dennoch hatte er seinem Sohn verboten, sich an dem Treiben der Massen zu beteiligen, das dem kleinen Salvatore wie ein Karneval außerhalb der Saison vorkam. Stattdessen hatte er ihm aufgetragen, eine Liste der Leute anzulegen, die den Zoll noch nicht bezahlt hatten. Aber Salvatore konnte seine Neugier nicht länger bändigen, und so wagte er es, die Grotte seines Vaters zu verlassen.

Am 15. April 1860 zogen junge Leute schon am frühen Morgen an der Grotte vorbei und nach und nach folgten ihnen viele Einwohner von Melfi. Kurz nach Sonnenaufgang ritt eine Gruppe von Herrschaften vorbei, um die Armee des Briganten-Generals Crocco zu empfangen. Salvatore lief abermals hinaus, stellte sich mit weit geöffneten Armen mitten auf die Straße und bat die Reiter, ihn mitzunehmen. Aber lediglich ein gewisser Alfonso Del Giudice hieß ihn aufsteigen. So ritten sie aus der Stadt und zum Fluß hinunter. Die Straße auf der anderen Seite des Flusses war vollgestopft mit Männern, die sich dem Fluß näherten – die Männer des Generals Crocco. Aus dem Haufen löste sich eine Gruppe von etwa 15 Leuten, die ebenfalls zu Pferde waren, und begann, den Fluß, der Hochwasser führte, zu durchschwimmen.

Aus der Menge der Melfitaner, diesseits des Flußes, wurden Hochrufe laut:

»Es lebe General Crocco! Er lebe hoch!«

Die kleine Vorhut, die eben den Fluß durchquerte, war der Generalstab des Generals Carmine Donatello, genannt Crocco. Sie trugen schwarze Umhänge und hatten auf der Brust zwei Reihen großer Messingknöpfe.

Sofort erfüllte die Menge ein großer Jubel. Der General und seine Männer und die Reiter, die von Melfi herabgekommen waren, bildeten mit ihren Pferden einen Kreis und begrüßten sich.

Aus den Reihen der Melfitaner erklang eine Stimme:

»Herr General! Ich war der erste, der in Melfi rief: ›Es lebe Franz II.!‹«

»Bravo!«, antwortete General Crocco, »Bravo! Von diesem Moment an bist Du Hauptmann meiner Armee!«

Ein anderer sagte:

»Ich bin derjenige, der die Stadtkasse ausheben ließ und veranlaßt hat, daß die Bilder von Viktor Emanuel und Garibaldi abgehängt wurden!«

»Gut gemacht!«, antwortete Crocco. »Ich ernenne Dich zum Leutnant!«

Aus der Stadt brachte ein Bote einen Brief. Der General las ihn und fuhr dann fort, den Anwesenden militärische Dienstgrade zu verleihen.

Nur Salvatore hatte noch keinen Dienstgrad erhalten, und er war nahe daran, zu weinen. Er sagte deshalb zu seinem Begleiter, Del Giudice:

»Bitte, fragt den General, ob er mir nicht auch eine Ehre zuteil werden lassen möchte.«

Salvatores Beschützer wandte sich an General Crocco, salutierte und sagte:

»Herr General, ich habe hier einen jungen Mann, der mit uns hergeritten ist. Sein Vater ist ein Bourbone durch und durch und mehr noch; er hat an der Seite unseres verstorbenen Königs gekämpft. Er ist nicht ungebildet und hat sich bei der Reaktion in Melfi hervorgetan. Jetzt weint er, weil Euer Exzellenz ihm keinen Dienstgrad verliehen haben.«

Der General wandte sich dem jungen Mann zu, musterte ihn freundlich und sagte dann:

»Ich ernenne Dich zum Sekretär meines Generalstabes!«

Salvatore konnte es kaum fassen. Er fühlte sich wie ein armer Mann, der einen Schatz gefunden hat.

Inzwischen hatten auch die Truppen des Generals den Fluß überquert, an die dreitausend Mann. Als erstes waren die Karren, die von Ochsen und Büffeln gezogen wurden, herübergekommen.

Der General besichtigte seine Truppe, und schien zufrieden zu sein; dann befahl er allen Berittenen, ihm zum Gutshof der Herren Aquilecchia zu folgen, wo jeder ein Stück Brot erhielt:

»Gut für die Zähne, die Hündchen der Hunde!«

Später, als die Truppe nachgekommen war, ließ er antreten: Seine Leute waren schlecht bewaffnet und gekleidet, viele hatten keine Schuhe und trugen Lumpen. Viele hatten rote Kokarden am Hut. Überall wehten weiße Fahnen, die Farbe der Bourbonen.

Ruhig und ohne große Befehle stellten sie sich in Zweierreihen auf und marschierten los.

In der Nähe des Gutshofes Madonna Laura stießen sie auf eine große Anzahl Bauern, die sich ihnen anschließen wollten, und je näher sie an Melfi herankamen, desto mehr vergrößerte sich ihr Anhang.

Am Stadtrand, in der Nähe einer Kapelle, wo die neue Straße beginnt, trafen sie mehrere Luxus-Kutschen, in denen einige Herrschaften saßen, darunter der neue Bürgermeister, der Theologe Herr Emilio Araneo. Halb Melfi war inzwischen aus der Stadt gekommen, um General Crocco zu empfangen.

Der General stieg vom Pferd und setzte sich in die Kutsche der Herren von Aquilecchia, die von brennenden Pechfackeln erleuchtet wurde. Überall in der Masse wurden jetzt Pechfackeln entzündet, so daß man meinen konnte, es wäre heller Tag. Und ununterbrochen erschollen die Hochrufe: »Es lebe General Donatello, es lebe Franz II., nieder mit den Liberalen, nieder mit der Nation!«

Als die Stadt Melfi ins Blickfeld rückte, sah man, daß auch sie hellerleuchtet war und daß am Burgberg eine dichte Reihe von Menschen stand, die ebenfalls laute Hochrufe ausstießen.

Sie kamen an die Gaetaniello-Brücke, wo sich ihnen abermals zahlreiche Menschen anschlossen, die gesamte Kavallerie folgte der Kutsche des Generals Crocco – da kriegte Salvatore plötzlich einen gewaltigen Knüppel in den Rücken.
Es war sein Vater, der ihm ein gutgemachtes Abendessen verpaßte.
»Heilige Madonna!« rief Salvatore. Auf diesen Schmerzensschrei hin, wandte der Del Giudice sich um.
»Leise, still!«, sagte er, als er Salvatores Vater erblickte.
»Sieh zu, daß Du wegkommst. Wenn der General Dich sieht, könnte es Dir schlecht bekommen! Du kannst stolz sein auf Deinen Sohn. Er ist soeben zum Sekretär des Generalstabes ernannt worden!«

Doch das besänftigte den alten Giampetruzzi nicht, und auch der kleine Salvatore hatte noch nicht das rechte Vertrauen zu seinem neuen Gönner. Er ließ sich vom Pferd fallen und lief davon wie ein Hase. Mit blaugeschlagenem Rücken erreichte er sein Zuhause, wo seine Mutter über ihn herfiel:
»Oh, mein armer Junge, Du armer, Du!«, rief sie laut jammernd.
»Die Leute, die heute gekommen sind, sind keine Soldaten, sondern Briganten! Wer weiß, was morgen oder übermorgen unsere arme Stadt für ein trauriges Schicksal erleiden muß!«
Salvatore nahm sich diese Worte sehr zu Herzen, aber im Innern war er doch sehr betrübt über den Abbruch seiner Karriere.

Vier Tage später, am 19. April 1861, erscholl langgedehnter Glockenschlag von sämtlichen Türmen. Alle Häuser waren beflaggt, aber es war nicht mehr die weiße Fahne der Bourbonen, sondern die Trikolore der Piemontesen, und aus allen Fenstern hingen Bilder des piemontesischen Königs Viktor Emanuel.

Die Briganten waren am Tag zuvor abgezogen, und königliche Truppen und Nationalgarde rückten ein. Viel Volk war aus der Stadt gelaufen, um die Soldaten zu empfangen und säumte den Weg vom Fluß herauf und die Straßen der Stadt. Überall hörte man Hochrufe: »Es lebe Viktor Emanuel, es lebe Garibaldi!«

An diesem Tag trug Salvatore einen neuen Anzug. Auf dem Kopf hatte er ein helles Hütchen, das von einem dreifarbigen Bändchen in den Farben der Piemontesen durchzogen war, das bis auf seine Schultern fiel und ihn sehr schmückte. Er lief auf den Platz, um die Soldaten zu sehen.

Zuerst kam die Nationalgarde. Er stand auf den Zehenspitzen, direkt neben der Tür des Café Araneo, als er plötzlich von einigen, ihm unbekannten Nationalgardisten ergriffen wurde, die ihn ohne Grund mißhandelten, ihm Faustschläge ins Gesicht gaben, auf den Kopf und auf die Schultern, ohne zu schauen, wohin sie schlugen, und ihn die Straße hinabprügelten, bis zum Anfang einer Straße, die früher »Große Straße« hieß, wo das Menschengedränge besonders dicht war.

Eine andere Gruppe Nationalgardisten führte etwa fünfzig Leute mit sich, die offensichtlich nicht zu General Croccos Truppen gehörten und deren Gesichter blutüberströmt waren, so daß man sie kaum erkannte. Ihre Hemden und Kittel waren rotgefärbt. Da die Nationalgardisten kein Seil hatten, nahmen sie einen Kälberstrick und banden Salvatore als ersten in die Reihe der blutüberströmten Männer, so daß er sie praktisch hinter sich herziehen mußte, und dann ging es ab ins Gefängnis.

Es war ein unvergeßlich schreckliches Erlebnis, das Salvatore Giampetruzzi von Grund auf veränderte und ihn, solange er noch zu leben hatte, zu der Überzeugung bekehrte:

Haltet Euch fern von allem Streit der Parteien, mischt Euch nicht ein in Regierungsdinge, laßt fahren die falsche Hoffnung auf einen Fortschritt ohne Arbeit, und übernehmt nie-

*mals ein öffentliches Amt oder eine gesellschaftliche
Aufgabe!*
Mehr noch erschütterte ihn, was er in der Haft erleben
mußte:
*In diesen traurigen Augenblicken entlud sich die private Ra-
che. Die verworfensten Menschen, schamlos und schmutzig,
erhoben ihre Köpfe. Falsche Anschuldigungen wurden erhoben und die besten und ehrenhaftesten Familien erpreßt. Wieviele Banditen gab es, die als Schergen dienten und mithalfen,
wahrhaft Unschuldige zum Tode durch Erschießen zu verur-
teilen. Wieviel unschuldiges Blut wurde vergossen, wieviele
Verurteilungen ohne ordentliches Urteil fällten die falschen
Offiziere der Nation, die es nicht wert waren, das rote Barett
zu tragen.*

Im Gefängnishof wurde Salvatore losgebunden, und nach
kaum zwanzig Minuten geleitete ihn eine große Menge Nationalgardisten unter dem Kommando eines Herrn Travaglini zurück auf den Platz und die Straße hinunter.
Als sie bei San Nicola vorbeikamen, hörte er einige Frauen
weinend ausrufen:
»Heilige Mutter Gottes, jetzt wird er erschossen!«
Bei diesen Worten senkte sich über seine Augen ein dichter
schwarzer Schleier.
Doch bald faßte er sich wieder, und er begann schneller zu
laufen. Weiter unten trafen sie Michele Lopinto, einen der
Männer, die am 15. April General Crocco entgegengeritten
waren und sich geweigert hatten, Salvatore mitzunehmen.

Lopinto trug eine doppelläufige Flinte auf dem Rücken, am
Gürtel hatte er eine Pistole und eine offene Munitionstasche
voller Munition. Die Hutkrempe hatte er vorne hochge-
schlagen, und um den Hals trug er ein Tuch in den Farben
der Piemontesen.
Als er Salvatore erkannte, rief er ihm mit lauter Stimme zu,
so daß die Nationalgarde es hören konnte:
»Gut so! Jetzt ist Schluß mit dem Sekretär des Generalstabes! Recht so, daß sie dich erschießen!«
Salvatore antwortete ihm entschlossen:
»Und du?! Bist du General Crocco nicht entgegengeritten
und hast dich zum Leutnant ernennen lassen?!«

Sofort ergriffen einige Nationalgardisten den Lopinto, packten ihn beim Hals, entwaffneten und verhafteten ihn, und versetzten ihm ein paar Faustschläge zwischen die Zähne, weil das so üblich war. Das war damals die Mode.

Viel Volk folgte dem Hinrichtungskommando, und soviele drängten sich zu beiden Seiten der Straße, daß sie mehrmals stehen bleiben mußten. Schließlich befahl Travaglini, Salvatore zu fesseln und seine Augen zu verbinden. Dann senkte er die Arme und sagte: »Erschießt ihn!«

Dunkle Stille breitete sich aus. Nur einen Wunsch hatte Salvatore unter dem Eindruck dieses entsetzlichen Satzes. Er stand erstarrt, konnte nichts denken und sehnte sich danach, rasch zu sterben.

Von fern hörte man eine Trommel und Pferdegetrappel, das rasch näher kam.

Dann waren die Reiter schon auf dem Platz, und um ihn herum schnaubten Pferde. Jemand sprang herab, näherte sich Salvatore, er fühlte eine Hand auf seinem Gesicht, die ihm vorkam wie die Hand Gottes, die Binde wurde von seinen Augen genommen, ein Offizier blickte ihn an und dann, zu dem braven Travaglini gewandt, sagte der Anführer der Kavallerieeinheit, die soeben angekommen war: »Was soll das?«

Travaglini antwortete:

»Er ist ein Reaktionär und die Bevölkerung fordert, daß er erschossen wird!«

Der Kavallerist antwortete:

»Kanaillen, die Ihr seid! Mit dem Blut eines Kindes wollt Ihr ein Exempel statuieren?

Ergreift lieber die Anführer!«

Und dann, zu den Nationalgardisten gewandt:

»Losmachen und abführen, ins Gefängnis. Der Mann steht unter meiner Gewalt!«

»Im Gleichschritt marsch!«

Salvatore Giampetruzzi wurde zurück ins Gefängnis geführt und veröffentlichte 1907, im Alter von 63 Jahren unter dem Titel »Die 63 Jahre meines Lebens« in Melfi seine Memoiren.

Doch ich habe vorgegriffen.

Am 7. April 1861 beginnt der lange, siegreiche Sommer der lukanischen Briganten unter Führung von Carmine Donatello Crocco im Gebiet um die Stadt Melfi. Die Namen der Dörfer und Städte, die im April von Briganten besetzt wurden lauten: Ripacandida (8. April), Barile, Venosa (10. April), Lavello, Melfi (14. April), Monteverde, Carbonara, Calitri usw.

Die Erhebung von Melfi, schreibt Marc Monnier, *war nicht nur plebejisch und kommunistisch. Angeheizt von Adligen und Herren hatte sie einen vergleichsweise gemäßigten Charakter. Sie entwickelte sich aus einer regelrechten Verschwörung, stand unter fester Kontrolle ihrer Anführer und war deshalb eigentlich mehr ein Putsch.*

Wir werden sehen, inwieweit die Ereignisse im Raum Melfi putschistisch waren und ob sie nicht doch auch auf Volkserhebungen beruhten.

Bereits ab 5. April versammelten sich im Wald von Lagopesole zahlreiche Veteranen der umliegenden Dörfer und Städte, so daß innerhalb von zwei Tagen an die vier- bis fünfhundert Männer beisammen waren.

Die wenigstens davon waren alte Briganten oder Leute, die sich bereits vor dem Beginn der bourbonischen Reaktion als Banditen betätigt hatten.

Außer Crocco und seinen schon erwähnten zwei Kumpanen waren keine Briganten darunter, behauptet Crocco, doch später wurden sie allesamt Briganten, wie er sagte.

Eingeteilt wurden die Männer in 43 Banden, doch differieren die Zahlen hierüber. Jede Bande erhielt einen Anführer. Brigantenführer waren Ninco Nanco, den Crocco persönlich ausgebildet hatte, Giuseppe Caruso, Coppa, Schiavone, Ciucciariello und andere. Zu ihrem Oberbefehlshaber wählen sie Carmine Donatelli Crocco.

Crocco versuchte später in seinen Vernehmungen zu bestreiten, daß er den Oberbefehl gehabt habe und behauptete, die einzelnen Banden seien voneinander unabhängig gewesen und hätten unter dem Oberkommando des Franzosen Langlois gestanden.

Er selbst habe gar keine Bande gehabt und lediglich die Befehle des Langlois den einzelnen Bandenführern überbracht, da er der einzige gewesen sei, der lesen und schreiben konnte und imstande war, die Kasse zu führen.

Erst nach der Abreise des Langlois habe dieser es den einzelnen Banden freigestellt, einen neuen Oberbefehlshaber zu akzeptieren, und so habe er den Oberbefehl übernommen. Doch widerspricht Crocco in dieser Beziehung sich selbst, was man ihm nicht Übel nehmen darf, denn er machte diese Aussage vor Gericht. In seiner Autobiographie schreibt er dagegen:

Die Ehrenbezeugungen meiner Anhänger waren ein Hoch auf den gestürzten König, Franz II. (den ich in Wirklichkeit stets verabscheut habe), unser Zeichen war eine weiße Fahne mit blauen Bändern, die Waffen waren uns insgeheim geliefert worden, und die Pferde teils requiriert, teils geschenkt. Bourbonische Komitees lieferten in geheimen Werbeaktionen das Menschenmaterial, und so hatte ich binnen kurzem eine kleine Armee zur Verfügung, über die ich regulär das Kommando erhielt, nachdem ich von meinen Gefolgsleuten offiziell als General nominiert und gewählt worden war.

Auch was die Rolle des Langlois betrifft, widerspricht sich Crocco. So behauptet er an anderer Stelle, Langlois sei nur einer der 43 Bandenführer gewesen. Dabei läßt er unberücksichtigt, daß dieser erst Ende 1861 nach Lukanien kam, als Croccos Ruhm sich bereits ausgebreitet hatte.

Langlois war 1822 in Nantes geboren, verheiratet, hatte ein Kind und war beim französischen Zoll tätig gewesen.

Wer ihn geschickt hatte und welches seine Instruktionen waren, will Crocco angeblich nicht gewußt haben. Tatsächlich war Augustin Marie Olivier de Langlois, wie sein voller und richtiger Name lautete, ebenso wie andere Nobelmänner, von Rom geschickt worden, um die Brigantenbewegung zu kontrollieren und den Zielen des Kirchenstaates und der bourbonischen Komitees zu unterwerfen.

An Waffen – behauptet Crocco – habe die Versammlung im Gebiet des Ginestrawaldes von Ihren bourbonischen Hintermännern 800 Gewehre erhalten, doch wird man diese Angabe angesichts verschiedener Beschreibungen über die Bewaffnung der Aufrührer mit Skepsis aufnehmen dürfen. Als erstes besetzten die Aufständischen das alte Castell der Doria bei Lagopesole. Der Ort gilt bei den einfachen Leuten noch heute als heilig, und die armen Leute, die hier wohnen, behaupten steif und fest, in ihrer Hütte seien Ninco Nanco oder der berühmte Crocco selber zur Welt gekommen.

Als Beginn des Aufstandes gilt die Ermordung des Hauptmanns der Nationalgarde von Ripacandida Pasquale Anastasia am 8. April 1861. Seine Ermordung hatte symbolischen Charakter wenngleich Ort und Grund der Ermordung umstritten sind. Angeblich wurde Anastasia von Crocco als persönlicher Feind betrachtet, da er – nach Ansicht des Brigantenführers – verhindert hatte, daß die gegen ihn bestehenden Anklagen wegen erpresserischer Entführung und Raub, die Crocco vor 1860 begangen hatte, niedergeschlagen wurden.
Wir sprachen darüber.
Laut Crocco erfuhren er und die Seinen am 7. April 1860, daß von Melfi aus piemontesische Truppen gegen sie anrückten, und tatsächlich sahen sie tags darauf eine Einheit von Barile her auf sich zukommen. Während einige Brigantenführer vorschlugen, die Truppe frontal anzugreifen, sprach die Mehrheit sich dafür aus, den Weg nach Ripacandida durch den Wald zu nehmen.
Unterwegs begegneten sie dem Anastasia, was Crocco folgendermaßen beschreibt:

Nun richtete ein Genosse, vielleicht Ninco Nanco, an ihn folgende Worte: »Die italienische Regierung verfolgt uns mit Waffengewalt; nun gut: beweisen wir ihr ab heute, daß wir nicht länger bereit sind, ihr zu gehorchen!«
So entführten wir Anastasia, verschleppten ihn in den Wald und zwangen seine Familie, ein Lösegeld zu zahlen. Seit diesem Tag hatten wir der Regierung unsere Feindschaft erklärt und bewegten uns auf dem Pfad des Brigantentums.

Advokat Lioj, Neffe des Pfarrers Lioj aus San Fele, der viele Briganten zu überreden versuchte, die Waffen niederzulegen, und ihnen Hoffnungen machte, sie würden dafür nicht erschossen werden, schreibt in einem Brief, Anastasia sei mitten in Ripacandida erschossen worden. Frühmorgens am 8. April 1861 seien einige Briganten auf den Platz gekommen und hätten zusammen mit Bewohnern der Stadt Anastasia getötet. Die anschließenden Ereignisse schildert er so:

Beim Morgengrauen liefen an die hundert Frauen mit einer weißen Fahne, gefolgt von circa hundert Männern durch die Hauptstraßen der Stadt und riefen: »Es lebe Franz II.«
Später, gegen neun Uhr, kamen weitere hundert Leute hinzu. Sie wurden unter anderem von Ninco Nanco und einem gewissen D'Amato angeführt, hatten Gruppen gebildet und waren offensichtlich auf Plünderungen aus.
Gegen Mittag kam Crocco unerkannt in die Stadt, ging in das Haus der Mutter von Michele Larotonda, der zu den Anführern der rebellischen Einwohner gehörte, und blieb dort den Rest des Tages.

Crocco selbst deutet in seiner Biographie an, daß Anastasia in Ripacandida umgebracht wurde, wenn er sagt, der Anführer der Nationalgarde sei im Gefecht gefallen, gibt im übrigen aber eine stark abweichende Schilderung der Einnahme von Ripacandida. Interessant ist in diesem Zusammenhang auch, wie er die Plünderungen rechtfertigt:

Das Gebiet von Ginestra war mein Reich, das Zentrum meiner Streitkräfte, und von hier aus marschierte ich entschlossen nach Ripacandida. Vehement ließ ich angreifen, und binnen kurzem hatte ich die Kaserne erobert und alle Waffen erbeutet. Die wilde Meute, die ich befehligte, war nicht zu bremsen, und ich hatte auch keinen Anlaß, sie zu besänftigen.
Meine Nachgiebigkeit gegenüber Zerstörungen und Plünderungen war ein wichtiger Anlaß zur Stärkung meiner Streitmacht, und die Beute, die hier gemacht wurde, war ein Zeichen, das mir neue Gefolgschaft sicherte, von Leuten, die ihr Glück mit Blutvergießen zu machen hofften.
Ich ließ ihnen deshalb freie Hand und befahl nur, die Familien unserer Waffenbrüder zu verschonen. Im Gefecht mit der

örtlichen Nationalgarde war ihr Anführer gefallen. Sein Leichnam wurde durch die Straßen geschleift und vor seinem Haus niedergelegt, während die Menge sich daran machte, das Haus zu plündern.

Stundenlang dauerte die Lustbarkeit und das Herumschwadronieren, und erst gegen Abend machte ich mich daran, die betrunkene Menge wieder zur Ordnung zu rufen. Als erstes erklärte ich die bestehende Autorität für abgesetzt, rief die wichtigsten Bewohner der Stadt zusammen und ernannte einen provisorischen Magistrat, der im Rathaus residieren und von dort aus seine Verordnungen und Aufrufe erlassen sollte. Dann veranlaßte ich, daß in sämtlichen Kirchen das »Te deum« aus Anlaß des Sieges gesungen wurde, daß die Wappen der neuen Regierung abgeschlagen und die Wappen der alten, bourbonischen Herrschaft wieder angebracht wurden.

Von Ripacandida aus zog man weiter ins nahegelegene Barile. Crocco schreibt darüber in seiner Biographie:

Mehrfach war ich bereits aufgefordert worden, mich nach Barile zu begeben, um das Volk von den schändlichen, reichen Gewaltherren zu befreien, deshalb eilte ich rasch dorthin und ordnete die Verwaltung, wie ich es schon in Ripacandida getan hatte.

Die Erfolge dieser ersten Tage hatten zwar die Herren alarmiert, aber sie hatten auch das Gefühl vieler tausend Bauern für unsere Sache geweckt, so daß jetzt von allen Seiten eine große Schar Bewaffneter herbeieilte, um sich meinem Befehl zu unterstellen.

Von Barile aus schickte Crocco Kuriere in den nächstgrößeren Ort, nach Venosa, um auch dort das Terrain für seine Ankunft vorzubereiten.

3 Der Fall von Venosa

Seit der Eroberung von Ripacandida wartete man auf diesen Augenblick. Das liberale Bürgertum war besorgt. Venosa konnten die Aufständischen sich nicht entgehen lassen.

Auch in der Stadt gab es schon Unruhen. Die Nachrichten aus Ripacandida heizten die Stimmung noch an. Vergeblich versuchten die Offiziere der »Nationalgarde«, ihre Leute beisammen zu halten. Nur die Offiziere hielten die Stellung. Ihr Kommandant war zumeist ein angesehener und wohlhabender Patrizier. Alle Nationalgardisten leisteten den Dienst nur nebenberuflich. Selbst unter der Androhung von Strafen gelang es dem Anführer der Nationalgarde von Venosa nicht, mehr als 100 Mann zusammenzurufen, und darunter waren nicht wenige, zu denen man kein Vertrauen haben konnte.

Nachdem man vergeblich auf Verstärkung gehofft hatte, machten sich am Mittag des 10. April 1961 an die 62 Nationalgardisten auf, um den Briganten den Weg zu versperren. Unweit der Stadt kamen ihnen Bauern entgegen und berichteten, einige tausend Angreifer seien auf dem Weg nach Venosa. Sofort brach eine Panik aus. Vergeblich versuchte der Kommandant, seine Gardisten zu beruhigen. Alles rannte zurück in die Stadt.

Am Stadttor »Porta Fontana« begann man Barrikaden zu errichten, die mit dem Bürgermeister und anderen beherzten Männern besetzt wurden. Eine Gruppe Nationalgarde mit zwei Hauptleuten machte sich daran, das Castell zu verteidigen. Eine dritte Gruppe besetzte die Loggia eines Hauses, von dem aus man die Umgebung der Stadt im Auge hatte. Der Kommandant der Garde schließlich lief mit einigen Leuten Patrouille durch die Stadt, um zu kontrollieren, ob die wichtigsten Punkte der Stadt verteidigt waren.
Er konnte feststellen, daß alle Männer ihre Posten verlassen hatten. Selbst der Domplatz war ohne Verteidigung. Der Kommandant witterte Verrat. In dem Augenblick begann die Schießerei, und die Nationalgardisten, die er bei sich hatte, flüchteten ebenfalls in ihre Häuser. Nur mit zwei oder drei Offizieren kehrte er an die Barrikaden von Porta Fontana zurück, wo der Angriff begonnen hatte.

Theoretisch war Venosa nur schwer zu erobern.
Am meisten verblüfft, schreibt Filippo Pace, *daß Venosa,*

ebenso wie Melfi, so großartig gelegen war, daß 100 Mann
die Stadt leicht gegen 5000 Angreifer verteidigen konnten.
Sein Bericht erschien am 11. Mai 1861, nur einen Monat
nach den Ereignissen, unter dem Titel »Tagebuch einer
Expedition gegen die Briganten der Basilikata bis zum Gefecht bei Lagopesole« im »Verlag des Fortschritts« in
Neapel.

Was die Verteidigung behinderte, hatte soziale Ursachen.
Im Gebiet von »Porta Fontana«, wo die Barrikaden standen, lebten vorwiegend die besser gestellten Leute, während
das Stadttor an der entgegengesetzten Seite an das Arme-
leuteviertel »San Nicola« grenzte.
Hier klebten die Häuser direkt an der Stadtmauer, so daß
die obersten Stockwerke darüber hinausragten.

Die Zahlenangaben differieren auch diesmal. Als der Kommandant der Nationalgarde zur Porta Fontana zurückkam,
sah er nicht die angekündigten mehreren tausend Angreifer,
sondern nur eine Gruppe von etwa 150 Leuten, die mit
Gewehren bewaffnet waren, sowie weitere 500 mit Äxten
und Rebenmessern aus den umliegenden Ortschaften,
denen sich etwa 30 Leute aus Venosa angeschlossen hatten.

Crocco wußte, daß in Venosa, das 8.000 Einwohner hatte,
Verteidigungsvorbereitungen getroffen worden waren und
daß in letzter Minute noch 42 reguläre Soldaten aus Palazzo
die Stadt erreicht hatten.
Aber er wußte auch, daß viele Leute in Venosa seine Ankunft erwarteten und daß nicht alle diese Leute zum Volk
gehörten, sondern auch Herren darunter waren.
Auf halbem Wege erhielt er Nachricht, daß die Nationalgarde die Stadttore geschlossen, die Straßen verbarrikadiert
und das Castell besetzt hatte.
Er teilte deshalb seine Streitmacht, als sie in die Nähe der
Stadt kamen, und ließ verschiedene Angriffstrupps bilden.
Während eine Gruppe direkt die verteidigte Porta Fontana
angriff, ließ er die anderen Gruppen um die Stadt herum-
marschieren und von hinten angreifen, wo bereits weiße
Fahnen von den Dächern flatterten.

So wurde auf der einen Seite der Stadt, bei Porta Fontana gekämpft, während am entgegengesetzten Ende, bei San Nicola, die Bevölkerung den Briganten Einlaß verschaffte. Die ersten kamen über Stricke und Leitern in die Stadt, die aus den Häusern auf der Stadtmauer herabgelassen wurden. Später wurde bei San Nicola das Stadttor geöffnet.

Damit war die Verteidigung zusammengebrochen, zumal sich den eindringenden Briganten auch Bauern und Plebs aus Venosa anschlossen. Nach kurzem Gefecht ergab sich der Kommandant, doch seien immerhin noch 12 Angreifer getötet und viele verletzt worden, behauptet er.

Andere behaupten dagegen, es habe drei Tote unter den Verteidigern und zwei unter den Briganten gegeben, doch seien diese erst im Verlauf der Plünderungen ums Leben gekommen.

Als erstes ließ Crocco das Gefängnis öffnen, dann ernannte er einen neuen Magistrat, und schließlich machte er die Liste der Personen bekannt, deren Eigentum und Leben bei Todesstrafe verschont bleiben sollte.

Dann gab er die Stadt zur Plünderung frei.

Von 10. bis 14. blieb ich in Venosa, schreibt er in seiner Autobiographie, *und es wurde geraubt, geplündert, Lösegelder wurden verhängt, Menschen und Häuser zerstört und alle Feinde der Reaktion geschlagen.*

Unter anderem wurde das Haus des Stadtkassierers, Don Leopoldi Marchi, überfallen und zerstört, die Dokumente verbrannt, dann kam die Stadtkasse dran, in der sich größere Beträge befanden, und auch hier zerstörten und verbrannten die Plünderer, was sie nicht gebrauchen oder davontragen konnten. Sogar der Mörtel wurde von den Wänden gehauen, die Treppenstufen, die Türen und selbst das Backsteinpflaster zerschlagen.

Genauso verfuhr man mit den Räumen des Prokurators des Klosters von Santa Maria La Scala, dem Haus von Don Orlando und dem Haus des Kanonikus Don Teodoro Laconca und seines Bruders Giovanni, die uns alle nicht weiter zu interessieren brauchen, da sie bisher nicht in Erscheinung getreten sind und auch nicht wieder auftreten werden.

In Brand gesteckt wurde auch das Stadtarchiv, *der große Feind, gegen den die große Wut der aufgebrachten Massen sich immer am stärksten richtet,* wie ein Privatlehrer aus Venosa schreibt. Auch Crocco haßte die Stadtarchive, wie ich schon sagte. Hier wurden sämtliche Verträge aufbewahrt, in erster Linie aber die Pachtverträge, die die Herren dem Volk aufgezwungen hatten und die an seiner Armut schuld waren.

Ermordet wurden der Arzt und Chirurg Don Nitti und ein Schüler des erwähnten Privatlehrers, Sohn eines Uhrmachers. Er hatte sich mit einer Pistole im Laden seines Vaters verschanzt, die eisernen Vorhänge herabgelassen und bewachte den Goldschmuck und die Uhren. Als die Plünderer sich dem Laden näherten, schoß er mehrfach aus dem Fenster. Im Nu war das Geschäft aufgebrochen, der Junge tot und der Laden ausgeräumt.

Im Prozeß leugnete Crocco, etwas mit den Plünderungen zu tun gehabt zu haben. Die Briganten hätten keinen Anlaß gehabt, zu plündern, behauptete er, da die gestohlenen Gegenstände ihnen bei ihrem weiteren Vormarsch nur hinderlich gewesen wären. In allen Ortschaften habe vielmehr der einheimische Plebs geplündert, gebrandschatzt und gemordet, um sich an seinen Ausbeutern zu rächen, während die Briganten sich zumeist gar nicht ausgekannt hätten und als Ortsfremde keinen Anlaß gehabt hätten, an den reichen Bürgern Rache zu üben.

Als er mit anderslautenden Zeugenaussagen konfrontiert wird, korrigiert er sich, weist die Schuld aber von sich:

Ich gebe zu, es kam zu Zerstörungen, es wurde gemordet und geplündert, aber nicht auf meine Anordnung. Sie wissen, Herr Präsident, daß die bourbonischen Soldaten aus alter Tradition bei solchen Gelegenheiten stets geplündert und getötet haben. 1849 befand ich mich als Soldat auf Sizilien, in Catania, aber mir fehlen die Worte, Euch alle die Grausamkeiten zu schildern, die seitens der königlichen Truppe gegen Personen und Eigentum begangen wurden.
Nun sehen Sie: wenn die Offiziere eines disziplinierten Bataillons außerstande waren, den räuberischen Instinkt der bour-

bonischen Soldaten aufzuhalten, wie hätte ich oder sonst einer diese grausame Menschenmenge, die sich dem Brigantendasein hingegeben hatte, daran hindern sollen?
Wir brauchtes niemandem den Befehl zu geben: Es gab zahllose Einwohner der Städte, die mehr noch als die Briganten dazu bereit waren, alle diese Untaten zu begehen.

Immerhin: Selbst der Kommandant der Nationalgarde blieb am Leben, wenn auch nur mit knapper Not. Ihm fehlten die Worte, die Gefahren zu beschreiben, die er bestehen mußte, als er sich von den Barrikaden ins Haus der Herren Rapolla zurückzog. Auf der einen Seite verfolgte ihn das Volk von Venosa und schrie aus vollem Halse: »Es lebe Franz II! Tod den Liberalen!« Auf der anderen Seite bedrohten ihn die Eindringlinge mit Messern, Rebenmessern, Äxten, Sicheln und Stöcken.
Als er am Gefängnis vorbeikam, wo die freigelassenen Häftlinge gerade dabei waren, ihre Habseligkeiten herauszuholen, sprang ein ehemaliger Gefangener namens Antonio De Lizia auf ihn zu und versuchte, ihm ein Bajonett in den Hals zu stechen. Nur einem Mann, der neben ihm stand und an dessen Namen er sich nicht mehr erinnert, verdankt er es, daß er noch am Leben ist. Der Mann fiel dem De Lizia in den Arm und lenkte den Stoß beiseite. Währenddessen versuchten die Frauen, die man ebenfalls befreit hatte, das Volk auf ihn zu hetzen und schrien: »Da ist er! Unser Henker!«

Vier Tage dauerte die Besetzung von Venosa. Als Crocco am 14. April 1861 auf dem Domplatz, direkt unter dem Balkon unseres Privatlehrers antreten ließ, um nach Lavello zu marschieren, hatte sein Anhang sich unter dem Eindruck des Sieges abermals erhöht.
Mit 20 oder 30 Mann waren sie gekommen, schreibt der Lehrer, *und sie waren mehr als tausend, als sie fortgingen, vollgestopft mit Beute,* wobei er sich über die Zahl der Angreifer, wie wir gesehen haben, irrt.
Es zahlte sich aus, bei Crocco zu dienen, und wo es sich noch nicht ausgezahlt hatte, machte man sich Hoffnungen.
Der Brigant Donato Rega aus Ripacandida, der in Venosa ums Leben kam, hatte einen Brief seiner Frau bei sich, als

man seine Kleider durchsuchte. Rega war Schneider gewesen und 26 Jahre alt. Der Brief lautete:

»Liebster Ehemann, ich bin froh, daß es Euch gut geht und Gott Euch von allem Unglück befreit hat. Ich bitte ständig zu Gott, daß er Euch bald wieder heimschicken möge, aber inzwischen erzählt man sich in Ripacandida, daß Ihr dem Vaterland tapfer gedient habt, und so wünsche ich, daß der Herr Euch solange beschützen mag, bis Ihr ganz den Sieg für uns errungen habt.
Nur über eine Sache bin ich sehr unzufrieden, weil alle, die aus Ripacandida stammen, ihren Familien bereits Reichtümer mitgebracht haben, und so weinte ich und vergoß viele Tränen und fragte mich:
Warum erinnert sich mein Mann nicht an mich, und ich sagte:
Ich Unglückliche, ich habe kein Glück, und ich sprach zu mir in meinem Inneren:
Mein Mann hatte so ein großes Herz, warum zeigt er uns jetzt ein Herz aus Stein?
Auch meine Brüder grüßen Euch allerherzlichst und sagen, daß sie ein Andenken wollen. Schickt ihnen jedem ein Gewehr, damit sie sich Eures guten Herzens erinnern, und das Gewehr, das ihr mir geschickt habt, habe ich nicht erhalten. Ich umarme Euch sehr lieb: Eure Euch überaus zugetane Frau Teresa Savino.
Geschrieben von mir, Michele Guglielmucci, und schickt mir bitte auch ein Gewehrchen.«

Ich lese gerne diese alten Geschichten, weil man so etwas heutzutage in Mitteleuropa viel zu selten erlebt.

4 Melfi

Am 14. April 1861 erreichte der Siegeszug der Briganten die Stadt Melfi. Carmine Crocco Donatello schreibt darüber in seiner Biographie:
Zu den vielen Genugtuungen, die ich im Laufe meines abenteuerlichen Lebens erfahren durfte, gehören die großartigen

Umstände, die meinen Einzug in Melfi begleiteten und an die ich mich lebhaft erinnere.

Mancher, der diese Erinnerungen liest, mag meine Worte für übertrieben halten, doch schwöre ich – nicht bei meiner Ehre, sondern bei der heiligen Erinnerung an meine Mutter – daß ich nicht übertreibe, und im übrigen glaube ich, daß mein Bericht auch von den offiziellen Berichten bestätigt wird.

Schon am Fuße der Steigung, die von der Landstraße zum Haupttor der Stadt führt, wurde ich unter musikalischen Klängen von einem Komitee empfangen, das aus den hervorragendsten Persönlichkeiten bestand, während von ferne die Kirchenglocken läuteten. Noch herzlicher war der Empfang in der Stadt.

Die Balkone der Häuser, die im Schmuck verschiedenfarbiger Gobelins erstrahlten, waren voller Menschen, und die Damen warfen uns Blumen und Kußhändchen zu.

Wir gelangten auf den Platz, und hier pries der Herr von Aquilecchia von der Höhe seines prachtvollen Palastes herab in einer würdevollen Ansprache die Tugenden und den Ruhm der bourbonischen Regierung und forderte das Volk auf, in mir den stolzen General unseres guten Königs Franz II. zu feiern.

Ihm antwortete ein dreifaches »Es lebe Crocco!«, während in den Straßen die Böllerschüsse ertönten und der allgemeinen Zustimmung Ausdruck verliehen.

In der Kirche, die man reich für mich geschmückt hatte, war die Madonna del Carmine aufgestellt worden, damit ich ihr meinen unterthänigsten Dank aussprechen konnte, dafür, daß sie mich beschützt und siegreich und unverletzt durch so viele harte Kämpfe geführt hatte.

Am Abend meiner Ankunft dann Festbeleuchtungen, Feuerwerke, Lustbarkeiten, Bälle und Festmähler mir zu Ehren in der ganzen Stadt.

Die Stadt Melfi fiel kampflos.

Untersuchungsrichter Inghingoli vom Gerichtsbezirk der Regionalhauptstadt Potenza, der zugleich Delegierter für politische Bildung war, und im August 1861 nach Melfi entsandt wurde, verhörte dort unter anderem Bürgermeister Don Vincenzo Mandina, der von den Aufständischen abgesetzt worden war, und schrieb am 16. Oktober 1861 seinen Abschlußbericht an den königlichen Generalstaatsanwalt beim großen Kriminalgerichtshof von Potenza.

Aus der Vernehmung des Bürgermeisters, der damals 30 Jahre alt war, stammt folgende Passage:

Auf entsprechende Frage antwortete er:
»Herr, seit dem Morgen des 10. April, nachdem der Unterintendent Lordi mit 60 der besten Nationalgardisten geflüchtet war, begann die Stimmung in der Öffentlichkeit zu sinken, denn man wußte bereits, daß die Banditen den Hauptmann von Ripacandida ermordet hatten.
Tags darauf steigerte sich noch das Entsetzen, als man erfuhr, daß sie Ripacandida erobert hatten, und am 12. April erfuhren wir durch einen Brief des Kanonikus Briscese aus Venosa an unseren Mitbürger Filippis, daß auch Venosa eingenommen worden war. Man bat mich, als Bürgermeister, darüber einen Bericht an den Gouverneur von Potenza zu schicken.

Aber bereits in den Nachmittagsstunden des 12. April begann eine Menschenmenge unter Führung des Kaufmannes Lopinto, der die Leute aufgehetzt hatte, in den Straßen Hochrufe auf Franz II. auszubringen und Unordnung zu stiften.
Um die Unordnung noch zu vergrößern, wurden dann auch noch die Tore des Distriktgefängnisses aufgebrochen, und bald kam es zu Attentaten, tätlichen Angriffen, Sachbeschädigungen und Verwüstungen.
Später versammelte sich die tobende Masse vor meinem Haus und verlangte mit drohender Gebärde den Rathausschlüssel. Ich behauptete, der Schlüssel werde vom Stadtschreiber verwahrt. Daraufhin überfiel der Plebs das Rathaus, zerstörte alles, einschließlich der Büros der Sicherheitspolizei, des königlichen Amtsrichters und des Stadtschulrates.

Am Morgen des 13. April versammelte sich wiederum eine große Menschenmenge mit Trommeln und Trompeten und zwang die Herren Colabella und Araneo, aus ihren Häusern zu kommen und ließ den Colabella den Ehrenhut eines Intendenzrates aufsetzen, welches Amt er unter der früheren Regierung bekleidet hatte. Dann zogen sie zum Haus der Herren

101

Aquilecchia und zwangen Don Vincenzo, die Uniform der Ehrengarde anzuziehen.
So kamen sie auf den Platz und unter dem aufrührerischen Geschrei der Menge wählte der Plebs den Colabella zum neuen Unterintendenten, den Araneo zum neuen Bürgermeister, den Aquilecchia zum Stadthauptmann und den Bruder des Colabella zu seinem Stellvertreter.«

Auf eine entsprechende Zusatzfrage antwortete er:
»Ich war nicht Zeuge des gesamten Vorfalles betreffend diese vier Ehrenmänner und nahm lediglich an ihrer Nominierung teil. Danach zog ich mich zurück. Ich kann deshalb nicht sagen, ob sie die Ämter akzeptierten oder irgendwelche Amtshandlungen vornahmen. Mit Sicherheit weiß ich jedoch, daß Herr Araneo nichts davon wissen wollte und auch nicht auf dem Platz blieb.«

Auf eine weitere Frage antwortete er:
»Es stimmt, daß eine oder zwei Kutschen der Herren Aquilecchia am 15. April die Stadt verließen, um der Bande Croccos entgegenzufahren, als die Nachricht kam, die Banditen seien auf dem Weg. Als sie am Abend zurückkamen, wehte auf den Kutschen die bourbonische Fahne, und in der Kutsche Aquilecchias saß General Crocco zusammen mit Aquilecchia und anderen.
Die Bandenführer nahmen im Hause der Aquilecchia Logis, nachdem sie die auf dem Platz ausgestellten Portraits der Bourbonen bewundert hatten.«

Tatsächlich war in Melfi das Zusammenwirken von revolutionären Volksmassen, reaktionärem Bürgertum und Briganten besonders deutlich.
An der Rädelsführerschaft verschiedener Herrschaften und Ehrenmänner von Melfi besteht aufgrund zahlreicher Zeugenaussagen kein Zweifel, auch wenn Exbürgermeister Mandina ihre Rolle herabzuspielen versuchte.

Folgt man dem Abschlußbericht des Untersuchungsrichters, so wurde der Aufstand, der dem jungen Giampetruzzi »wie ein Karneval außerhalb der Saison« vorkam, schon vor dem

Eintreffen Croccos vom Haus der Herren Aquilecchia aus geführt.

Aquilecchia war nicht nur Großgrundbesitzer, sondern hatte auch die Steuereinnahmestelle des Bezirks von Melfi gepachtet. Als Rädelsführer der Reaktion gehörte er damit zu den wenigen Reichen, die nicht geplündert wurden. Als am 17. April 1861 die Nachricht vom Heranrücken piemontesischer Soldaten kam, hatte er deshalb ein kleines Zubrot für die Flucht, die er nun antreten mußte. Er zog sich mit seiner Familie unter Mitnahme der Steuerkasse mit vielen tausend Dukaten zunächst auf das Castell Doria zurück. Über seinen weiteren Verbleib wird nichts berichtet, doch blieb er, wie es scheint, auch nach dem Eintreffen der Truppe ungeschoren.

Glimpflich kamen auch die anderen Rädelsführer davon. Ausdrücklich beklagt der Untersuchungsrichter, daß nichts unternommen wurde, um die hochgestellten Hintermänner der aufständischen Bevölkerung und der für sie kämpfenden Briganten zu verfolgen.

Er nennt – neben den Mitgliedern der »Provisorischen Bourbonischen Stadtverwaltung« – die folgenden Herrschaften:

Den Erzbischof von Melfi, Monsignore Sellitti, der seit dem vergangenen Jahr die Leichtgläubigkeit der Bevölkerung gefördert hat, indem er predigte, Viktor Emanuel sei exkommuniziert worden, liberale Priester ihres Amtes enthob und exkommunizierte und das Volk zur Abneigung und zum Haß gegen die italienische Sache aufhetzte;

einen gewissen Antonio Russo, der Ende März mehrere Briefe nach Melfi schrieb, in denen er Aufstände in anderen Gebieten ankündigte und von Auseinandersetzungen zwischen Nationalgarde und regulärer Truppe sprach, die zum Nachteil der letzteren ausgegangen seien;

einen gewissen Salvatore Zampaglione, der mit seinem Schwager Aquilecchia zu der Zeit in regem Briefwechsel stand und Veteranen anwarb.

Bereits am 16. April hatte Crocco von Melfi aus eine Abteilung seiner Bande nach Rionero in Marsch gesetzt, wohl in der Annahme, auch hier Fuß zu fassen.

Dabei kam es zu einer ersten Niederlage der Briganten.

Der General ließ die Expedition zwar als Sieg feiern, aber so langsam sickerte doch durch, daß Piemontesen im Anzug waren, was zu der erwähnten Flucht der Herren Aquilecchia und anderer Honorationen führte, die im übrigen auch im Oktober des Jahres noch nicht nach Melfi zurückgekehrt waren.

Am 18. April 1861 verließ Crocco Melfi endgültig und ließ abermals gegen Rionero vorrücken. Doch wiederum wurde er zurückgeschlagen, was sicher nicht auf der Loyalität der Rioneresen, sondern auf der Stärke der Garnison von Rionero beruhte.

Crocco versuchte jetzt, nach Venosa zurückzukehren, was ebenfalls mißlang, da die Stadt inzwischen von einer Art Selbstschutzkorps besetzt worden war – den unten beschriebenen »Herren zu Pferde«.

Er eroberte in der Folge noch eine Reihe kleinerer Ortschaften, ohne sie länger halten zu können oder noch einmal einen größeren Ort, wie Melfi oder Venosa zu befreien.

5 Herren zu Pferd und zu Fuß

Umherstreifende Marodeure waren nicht die einzigen, die in jenen Tagen das Gebiet von Melfi unsicher machten. Herren zu Pferde und zu Fuß, die jede Berührung mit Briganten und aufständischen Bauern vermieden, bildeten einen ständigen Kontrapunkt zu den brigantesken Gesten.

Am 12. April 1861, zwei Tage nach der Eroberung von Venosa, machten sich Filippo Pace und andere wohlhabende Herren der Basilikata – zumeist ausgediente Offiziere, die sich nach der Dienstzeit auf ihre Latifundien zurückgezogen hatten – daran, Ruhe und Ordnung auf eigene Faust wiederherzustellen.

Es regnete in Strömen, als sie unweit von Venosa, erreichten.

In Maschito vereinigten sich mit ihnen zahlreiche Herrschaften zu Fuß, die ihnen aus Forenza gefolgt waren und unter der Führung der Hauptleute Veltri und Boschicchio standen.

Auch hier wieder registrierte Filippo Pace erfreut den ausgesuchten Charakter der durchweg wohlhabenden Teilnehmer der Exkursion.

Ebenfalls in Maschito gesellten sich zu ihnen einige Herren zu Pferde aus Palazzo, unter Führung des Herrn D'Errico, der das Majorspatent besaß und deshalb die Führung des gesamten Schnefters für sich beanspruchte. Das führte zur Verstimmung des jungen David Mennuni, der die berittenen Herren zu Pferde der Gruppe von Filippo Pace anführte, *und nur die drängende Sorge um das öffentliche Wohl siegte in dem edlen jungen Mann schließlich über die private Ranküne.*

Tatsächlich besetzten sie Venosa erst, nachdem die Briganten abgezogen waren. Filippo Pace schreibt darüber in seinem schon zitierten »Tagebuch«:

Die Schrecken von Venosa sind bereits hinreichend beschrieben worden. Was nachzutragen bleibt, ist die Art, wie wir die Inhaber der geraubten Sachen bestraften.
Am 16. April 1861 ritten wir, jeweils begleitet von fünf oder sechs Herren zu Fuß, von Haus zu Haus, holten alle entwendeten Gegenstände heraus und ließen sie auf die Stadtkanzlei bringen, wo die unglücklichen Eigentümer ihr Hab und Gut abholen konnten. Wir beschlagnahmten hundertfach Gegenstände aus Kupfer, Geschirr, Kristallwaren, Möbel, Waffen, Gemälde, Bücher, Messingbetten, Würste, Speck, Schinken, Schweineschmalz und alles, was die geflüchteten Banditen zurückgelassen hatten, um schneller laufen zu können.

Man fragt sich, wie die Nobelmänner einen gestohlenen Schmalztopf von einem eigenen unterscheiden konnten, aber wahrscheinlich gingen sie von der Gewißheit aus, daß ein armer Bauer im Mezzogiorno niemals einen Topf Schmalz besaß, geschweige denn eine Seite Speck oder einen Schinken.

Am 17. April vormittags erhielt die Kavallerie Befehl, aufzusitzen.
Dieser Befehl, schreibt Filippo Pace, *rief in uns einen ungeheuren Jubel hervor und alle dachten, es ginge gegen die Briganten.*

Doch schon der Anmarsch erwies sich als schwierig. In dem schlammigen Boden kamen die Pferde nur langsam voran, und immer wieder ermüdete die Tapferen die Jagd auf einen Hirten, der einsam und weit in der Landschaft seine Schafe hütete und von ferne wie ein Brigant aussah.

Nach einer Weile kamen den Herren zwei junge Männer entgegen, die der Brandschatzung von Barile entkommen waren und weinend erzählten, wie die Briganten ihre Stadt erobert und geplündert hätten. Der eine berichtete, wie sie mit Äxten die Türen der Lagerräume seiner Familie aufbrachen, obwohl man ihnen die Schlüssel angeboten hatte, und wie die Ölvasen, die Weinfässer und die Schränke zertrümmert wurden.
Nach diesen Schreckensberichten wollten wir sofort aufbrechen, schreibt Pace weiter, *obwohl unsere Pferde sehr müde waren, doch Major D'Errico meinte, wir seien zu schwach und bräuchten die Infanterie, um anzugreifen.*

Er führte seine Truppe statt dessen auf einen Hügel, von dem aus die ganze Umgebung zu übersehen war. Es war ein unvergeßliches Schauspiel: Dort brannte Barile, hier Rapolla und in der Ferne lag Rionero.
Er ließ seine Kavallerie in ihrer ganzen Breite auf dem Hügel Aufstellung nehmen, und nachdem sie eine halbe Stunde lang in dem schneidenden Wind ausgeharrt hatten und er durch sein Fernrohr immer wieder die brennenden Städte beobachtet hatte, sagte er:
»Jetzt haben die Briganten uns gesehen, und diese Demonstration wird ihnen sicher Angst eingejagt haben.«

Der Vorfall erregte den Argwohn der Ehrenmänner. Gerüchte kamen auf, »Major« D'Errico stecke mit den Briganten unter einer Decke, weil er sich an der Provinz dafür rächen wolle, daß sie ihn nicht zum Abgeordneten gewählt hatte. Tatsächlich hätte das Freicorps die Eroberung mehrerer Ortschaften verhindern können.
Ihre heftigste Niederlage erlitten die verhinderten Vaterlandsdiener am 18. April 1861, als Crocco Melfi verlassen hatte und noch einmal versuchte, Rionero zu erobern. Am gleichen Tag verließen die Freicorpsleute Venosa unter Zu-

rücklassung einer handfesten Schutztruppe, um ebenfalls nach Rionero zu ziehen.

Sie hatten Venosa kaum verlassen und blickten hinüber nach Rionero, als sie vor sich in einiger Entfernung den Briganten mit seiner Bande sahen. Sofort bestand Einmütigkeit darüber, die Marodeure anzugreifen, aber wiederum wiegelte der »Major« ab und erklärte, mit den Banditen würden die piemontesischen Soldaten und die Nationalgarde schon allein fertig werden.

Vergeblich fragten sich Filippo Pace und seine Kameraden, wozu sie eigentlich zusammen gekommen seien; auch das mußten sie schlucken, und auf Schleichwegen, um ja nicht den Briganten zu begegnen, ging es hinauf nach Rionero.
Hier wurden sie mit großer Freude und Hochrufen auf die Basilikata empfangen, doch verdienten sie dieses Lob? Was hatten sie eigentlich getan?
Nüchtern stellt Filippo Pace fest:
Die von den Briganten geschändeten Dörfer hatten uns beherbergt, verköstigt, und obendrein hatten wir noch täglich unseren Sold erhalten.

Am 19. April 1861 erhielten sie Befehl, nach Melfi zu reiten und Filippo Pace verabschiedete sich von der Mutter seines Gastgebers, die ebenso wie er untröstlich darüber war, daß er nicht zum Mittagessen bleiben konnte, das fast fertig war.
Erschüttert ritt er in Melfi ein:
Welche Verwüstungen! Was immer man auch sagen mag, es wäre zu wenig. Die Einwohner empfingen uns wie ihre Befreier!
Crocco hatte den Ort erst am Tag zuvor verlassen, doch die Bevölkerung hatte sich schon umgestellt. Verachtung stieg auf in Herrn Pace über soviel Ehrlosigkeit – wußte er doch, daß die ganze Stadt die Briganten begeistert begrüßt hatte.
Mißtrauen wurde wach, als Paces Gastgeber ihm ein excellentes Abendessen auftischte, sich jedoch standhaft weigerte, mit ihm zu essen, da es ein Freitag war und der Hausherr an diesem Tag angeblich kein Fleisch aß.
Herr Pace zögerte. Dann trieb es der Hunger hinein.

Über drei Monate später richtete Unterintendent Decio Lordi, der sich noch nicht wieder nach Melfi zurückgetraut hatte, folgenden Aufruf an seine Untertanen:

»Bürger von Melfi,

Schmach und Ehrlosigkeit haben Eure Stadt bedeckt. Raub und Plünderungen waren Euer Gesetz. Eine Horde Briganten hatte Euer Schicksal sieben Tage lang in der Hand. Unser ruhmreiches Banner tauschtet Ihr ein gegen das dreckige Lilienbanner, auf dem geschrieben stand: Sklaverei und Ehrlosigkeit.

Aus der Stadt seid Ihr gelaufen und habt ein Lumpenpack empfangen, dem Ihr vor den tapferen Siegern von Palestro und San Martino den Vorzug gabt.

Und was habt Ihr davon gehabt?

Eure Häuser beraubt, in Gefahr die Ehre Eurer Töchter, geherrscht hat das Gesetz des Verbrechens und die Unschuld war verbannt.

Wie lange wollt Ihr diese Schande ertragen?

Bauern: Ihr seid betrogen worden!

Erhebt Euch aus der Tiefe, in die Ihr gefallen seid, schüttelt den Staub, der Euch bedeckt, von den Kleidern, kniet nieder vor der ruhmreichen Fahne, die in der gesamten zivilisierten Welt geachtet wird, erinnert Euch an Eure Rechte, die ehrlose Hände befleckt haben, und willigt ein im Namen unseres Königs Viktor, des gemeinsamen Vaters aller Italiener!

Kommt zu meinem Palast, schwört, unter dem Banner der Trikolore, Eurer Ehre treu zu bleiben, vergeßt den schimpflichen Namen der Bourbonen, ruft ›Es lebe der König von Italien!‹, und ich werde Euch wie Söhne umarmen und wieder das für Euch sein, was ich einmal war.

Ehrenwerte Bürger: Verbannt die Furcht aus Eurer Brust, kehrt zum Glauben zurück, versammelt Euch um mich und schwört mit mir, zu siegen oder zu sterben.

Am 27. August werde ich zu Euch kommen und vor Euch das einige Italien und das Königtum Viktor Emanuels proklamieren! Wenn ich Euch vormals nicht betrogen habe, wie sollte ich Euch diesmal betrügen?

108

Die Kanone und das Maschinengewehr werden hingegen an meiner Statt sprechen, wenn Ihr gegenüber der Stimme der Ehre und der Pflicht taub sein solltet!
Der Unterintendent, Decio Lordi.«

Verliehen für Verdienste im Krieg gegen die Briganten

Fünftes Kapitel: Das Volk

1 Die Fische im Wasser

Die Briganten stammten nicht nur aus dem Volk, sie wurden vom Volk auch nachhaltig unterstützt.

Wir haben gesehen, wie das Volk mitging, sobald Briganten in die Stadt kamen.

Wir haben gesehen, wie Aufstände schon ausbrachen, wenn nur die Nachricht kam, es seien Briganten in der Nähe und wie sie im Triumphzug in die Stadt geholt wurden.

Zuweilen kamen die Briganten erst, wenn die Aufständischen sich bereits durchgesetzt hatten.

Das Volk verehrte die Briganten.

Ein piemontesischer General schrieb:

Die Kaffer sehen in den Briganten die Rächer der Schmach, die ihnen die Gesellschaft zufügt.

Im Bericht der parlamentarischen Untersuchungskommission heißt es:

Der Straßenräuber ist zum Helden geworden. Diese Metamorphose beinhaltet eine weitreichende Geschichte ungestillter Schmerzen, ungeheilter Ungerechtigkeiten und eine moralische Lehre, die nicht vergessen werden darf. Dort, wo die Gesetze nicht den Interessen aller dienen und nicht für alle und gegen alle die gleiche Geltung haben, wird die Gesetzesverletzung zur Gewohnheit und gilt nicht als schändlich, sondern als erstrebenswert und ruhmvoll.

Das Volk sah die Dinge einfacher. Begriffe wie Ruhm und Schande spielten in seinen Erwägungen keine solche Rolle, wie in den Äußerungen der Politiker und Generale.

Oscar De Poli schildert folgendes Erlebnis:

Ich erinnere mich, wie sich in einem volkstümlichen Gasthof einige Bauern, die in meiner Nähe saßen, darüber unterhielten, daß Briganten auf einem nahegelegenen Gutshof sämtliche Lebensmittel beschlagnahmt hätten.

»Und was sollen sie sonst machen?!«, rief einer von ihnen.

»Sollen sie vielleicht vor Hunger sterben? Immerhin sind sie

110

Neapoletaner, wie wir, und besser, sie holen sich die Sachen,
als die Piemontesen!«
»Das stimmt«, sagte ein anderer. »Wir sind gezwungen, die
piemontesischen Soldaten mit unserem Geld zu bezahlen!«

Was zur Verehrung der Briganten beitrug, war die Tradition, die in zahlreichen Moritaten, Gedichten, Romanen
und Bänkelgesängen, zu denen die entsprechenden Schau-
tafeln gehörten, von Generation zu Generation vererbt
wurde.
Es gibt in der Volkskultur keine negativen Briganten.
Hier ist das Brigantentum ziemlich alt und traditionell,
schreibt Enea Pasolini am 12. Juni 1868 an seinen Vater. *In*
den Reichen ruft es eine Furcht hervor, die bis zur Feigheit
geht, und in den Armen erzeugt es eine Bewunderung, die an
Fanatismus grenzt.

Den »Fra Diavolo« – den berühmtesten aller Briganten –
erwähnte ich schon. Zu deutsch hieße sein Name: »Bruder
Teufel«.
Es gab zahllose solche »Rächer der Enterbten«, derer man
sich in Zeiten politischer Umwälzungen bediente.
Die Dynastien, für die sie stritten, wechselten und waren
beliebig.

Als im Zuge der Französischen Revolution in Neapel die
Republik ausgerufen wurde, kämpfte der Brigantenführer
Gaetano Mammone, ein Metzger aus Sora, mit seinen
Bauern genau gegen die bourbonische Dynastie, für die die
Briganten 60 Jahre später zu streiten vorgaben.
1799 hingegen, nun schon im Zeichen der Konterrevolu-
tion, organisierte der Kardinal Ruffo im Namen Gottes und
der Bourbonen in Kalabrien eine Bauernarmee und zog mit
ihr nach Norden, um dieselbe Republik, für die Mammone
gekämpft hatte, zu beseitigen.

Die Sympathie des Volkes für die Briganten erlitt dadurch
keinen Schaden. Sie beruhte auf Gegenseitigkeit. Die Briganten wußten, daß sie das Volk brauchten, um zu überleben. Polizei und Militär sprachen schon damals von »Sym-

pathisanten«, die die Briganten unterstützten. Man nannte sie »manutengoli«, von »mantenere«, »unterstützen«.

Die letzten Worte des Brigantenführers Schiavone, der am 29. November 1864 von einem Kommando des Generals Pallavicini erschossen wurde, waren:

»Nur das Volk kann mich noch retten, denn ich habe immer nur für das Volk gekämpft!«

Anders als heute, brauchten die Briganten keine Subkultur, um zu leben und unterstützt zu werden.

Die Familie stieß den Briganten nicht aus, sondern half ihm nach besten Kräften.

Im übrigen war der tägliche Kontakt mit den Briganten unvermeidlich, und selten wurden Briganten denunziert. *In den Provinzen, die wir bereist haben – vor allem Apulien und die Basilikata, die am stärksten vom Brigantentum betroffen sind –,* berichtete der Abgeordnete Castagnola in seiner bereits zitierten Rede anläßlich der Debatte über den Bericht der parlamentarischen Kommission zur Untersuchung des Brigantenwesens am 31. Juli 1863, *leben die Bauern nicht auf dem Land.*

Sie wohnen in den Städten und sind nicht einmal Pächter des Landes, das sie bearbeiten. Sie sind auch nicht ständig beschäftigt, sondern werden nur für den Tag angeworben. Sie sind Tagelöhner im wahrsten Sinne des Wortes.

Was folgt nun daraus?

Daraus folgt, daß diese Bauern nicht im geringsten an der Ernte interessiert sind, daß sie für ihren Schweiß nichts kriegen als einen oder zwei Carlinos am Tag und nichts haben, woran sie gebunden sein könnten oder hängen, nichts, woran sie ein Interesse hätten, es zu verteidigen, keinen Nutzen, keine Ernte, kein Land.

So entsteht eine Art Komplizenschaft mit den Briganten. Morgens, bei Sonnenaufgang, wenn die Soldaten ausrücken, ziehen die Bauern hinaus zur Arbeit (man beachte dieses Zusammentreffen), und dort, oft viele Meilen weit außerhalb der Stadt, treffen sie die Briganten und diese fragen sie: »Habt Ihr die Soldaten gesehen?«

Die Bauern antworten:

»Ja, sie sind in die oder die Richtung marschiert.«
Auf diese Weise wissen die Briganten immer Bescheid. Sie ziehen in die entgegengesetzte Richtung, wo sie ungestört ihrer schandbaren Arbeit nachgehen können.

Sie begehen zum Beispiel eine Erpressung. Nehmen 40 oder 50 Ochsen weg und sagen dem Kaffer, der sie bewachen muß: »Geh und sag deinem Chef, wenn er nicht bis heute abend soundsoviele Dukaten bezahlt, schlachten wir seine Ochsen ab.«
Meine Herren, auf den Feldern des Herrn, der da erpreßt wird, können sich 200 Bauern befinden, während die Briganten nur 20 Mann sind, und die Bauern könnten die Briganten mit Leichtigkeit in die Flucht schlagen. Aber warum sollten sie ihr Leben aufs Spiel setzen?
Die Ochsen gehören ihnen nicht, und sie haben nicht das geringste Interesse daran.
Wenn die Briganten die Ochsen schlachten, umso besser. Dann kriegen sie endlich wieder einmal ein Stück Fleisch zu essen, denn die Briganten werden ihnen etwas abgeben, und das tut der rechtmäßige Eigentümer nicht.

2 Die Lage der arbeitenden Klassen im Mezzogiorno

Der Abgeordnete Castagnola fährt fort:
Meine Herren! In den Provinzen, die besonders vom Brigantentum betroffen sind, fühlt man sich noch heute an das Mittelalter erinnert. Es gibt dort nur zwei Klassen, die fast wie zwei Kasten unvermittelt nebeneinander bestehen: Die Eigentümer und Ehrenmänner und die Proletarier und Kaffer.
Es gibt so gut wie keinen Mittelstand, so gut wie keine kleinen Geschäftsleute, und so besteht die gesellschaftliche Stufenleiter praktisch nur aus zwei Sprossen: Den großen Herren und den Habenichtsen.

Die Opposition im Parlament und die wenigen oppositionellen Publizisten begannen schon früh auf die sozialen Hintergründe des Brigantentums hinzuweisen.

Der Abgeordnete Miceli stellte in der gleichen Debatte eindeutig fest, daß nicht eine natürliche Armut, sondern die landwirtschaftlichen Produktionsverhältnisse die Hauptursache für das Brigantentum bildeten.

Die Provinz des ehemaligen Königreichs Neapel, die am stärksten vom Brigantentum betroffen ist, sagte er, ist die Capitanata.
Nun, meine Herren! Es ist eine Tatsache, die wirklich das Herz jedes aufrechten Menschen betrüben und verletzen muß, daß ausgerechnet jene Provinz zu den ruhigsten, reichsten und glücklichsten Provinzen Italiens gehören müßte.
In der Capitanata befinden sich zwei Drittel der berühmten »pulischen Tafel«, nicht weniger als 200 000 Hektar fruchtbarstes Ackerland, und darauf erlebt man die außerordentlichsten und abscheulichsten Formen der Armut, die man sich nur vorstellen kann.
In Foggia, der Hauptstadt dieser Provinz, leben neben den Reichen, die ihren Überfluß stolz zur Schau tragen, Tausende von Männern, die man »terrazani« nennt, mit ihren Familien. Sie haben kein Land und keine Arbeit. Sie leben vom Raub, vom organisierten Raub aus Tradition, der diese armseligen Menschen dermaßen blind gegen ihre Pflichten gemacht hat, daß sie die verabscheuenswürdigsten Verbrechen mit der gleichen Selbstverständlichkeit ausführen wie andere eine ehrenhafte Tat.

Die parlamentarische Untersuchungskommission wies in ihrem Bericht nach, daß überall dort, wo die landwirtschaftlichen Produktionsverhältnisse weiter entwickelt waren, die Briganten weniger Fuß fassen konnten als dort, wo noch quasi-feudalistische Verhältnisse herrschten und zeichnete eine Karte der süditalienischen Wirtschaftsgeographie, die den Zusammenhang zwischen der agrarischen Wirtschaftsordnung und dem Brigantentum belegte:

Der Hauptgrund des Brigantentums ist die soziale Situation, die wirtschaftliche Lage der Landbevölkerung, die in den Provinzen, wo das Brigantentum seine größten Proportionen erreicht hat, überaus unglücklich ist.

Jene Plage der modernen Gesellschaft, das Proletariat, ist hier größer als anderswo. Der Bauer hat nichts, was ihn an das Land bindet. Seine Situation ist die eines wirklichen Habenichts, und auch die Gnade der Arbeit ändert wenig an seiner wirtschaftlichen Lage und bewirkt keine Besserstellung.

Dort, wo das System der Halbpacht praktiziert wird, ist die Zahl der Proletarier klein. Doch dort, wo es Latifundien gibt, ist die Zahl der Proletarier notwendigerweise groß.

Nehmen wir zum Beispiel die Capitanata:

Dort ist das Land in den Händen einiger weniger Eigentümer, und dementsprechend gibt es außerordentlich viele Proletarier. Latifundien. Keine Pachtbauern. Und zahllose Menschen wissen nicht, wovon sie ihr Leben fristen sollen.

Die terrazzani und Kaffer, sagte uns der Direktor der staatlichen Domänen in der Provinz Foggia, essen ein Brot, das so schlecht ist, daß nicht einmal ein Hund es essen würde. Soviel Armut und Elend fördern das Brigantenunwesen. Für den armen Bauern hat das Brigantenleben nur Vorteile. Die sozialen Gegensätze sind entsetzlich, und es ist nicht verwunderlich, wenn in den meisten Fällen die Versuchung zum Verbrechen siegt.

Da Bildung, Erziehung und die grobkörnige Religion, die den Massen gepredigt wird, keinen mäßigenden Einfluß ausüben, überzeugen die schlechten Ratschläge, die die Not erteilt, die Unglücklichen, und bald wird das Verbrechen zur zweiten Natur. Von 375 Briganten, die am 15. April 1863 in den Gefängnissen der Capitanata saßen, gehörten 293 zur armseligen Klasse der sogenannten Landarbeiter.

Die »Capitanata« war eine Provinz der Region Apulien und im wesentlichen identisch mit der heutigen Provinz Foggia, der nördlichsten der vier apulischen Provinzen.

Die erwähnten Systeme der »Halbpacht« und des »Latifundium« unterschieden sich im wesentlichen in zweierlei Hinsicht.

Beide basieren darauf, daß der Landeigentümer das Land nicht selber bewirtschaftet.

Bei der Halbpacht wird das Land unter vielen Kleinbauern aufgeteilt, die die Hälfte der Ernte als Pacht abführen

115

müssen. Die Länge der Pachtverträge war unterschiedlich und oftmals nur auf ein Jahr beschränkt.

Auch die Lage der Halbpächter war und ist nicht rosig. Sie waren dem landwirtschaftlichen Produkt jedoch nicht entfremdet, besaßen auch etwas Vieh und hatten einen gewissen Einfluß auf ihre wirtschaftliche Lage, wenngleich sie stets vom Großgrundbesitzer und seinem Pachteintreiber – dem sogenannten »Steuerpächter«, der die Beitreibung der Pacht gepachtet hatte – abhängig waren und oftmals schikaniert wurden.

Das Latifundium wurde ungeteilt bewirtschaftet, meist von einem oder mehreren Großpächtern, wobei die Bauern keinerlei Beziehung zum Produkt hatten, oft nur für den Tag beim Morgengrauen auf dem Platz angeheuert wurden und regelrechte Tagelöhner waren.

Der zweite Unterschied zur Halbpacht bestand darin, daß das Latifundium extensiv, die in Halbpacht vergebenen Ländereien hingegen intensiv bewirtschaftet wurden.

Große Teile der Latifundien wurden oftmals gar nicht bewirtschaftet, was sich negativ auf die Lage am Arbeitsmarkt auswirkte, oder dienten nur als Weide, wobei der Schäfer im besseren Fall als Halbpächter der Herde, im schlechteren Fall nur als Lohnarbeiter fungierte.

Im Bericht der Untersuchungskommission heißt es dazu:

Dort, wo die Beziehungen zwischen Grundeigentümern und Bauern besser sind und diese nicht wie Nomaden leben müssen, sondern in irgendeiner Weise dem Land verbunden sind, wird es zwar auch Kriminelle geben, die findet man überall auf der Welt, aber das Brigantentum kann niemals um sich greifen und ist leichter zu zerstören.

In der Provinz von Reggio Calabria, wo die Lage der Bauern besser ist, finden wir in der Tat kaum Briganten. In den anderen zwei calabresischen Provinzen, in Catanzaro und Cosenza, sind die Beziehungen zwischen Bauern und Grundherren geradezu herzlich, und sobald die Grundherren die Bauern zu Hilfe rufen, um das Eigentum und die Sicherheit zu verteidigen, sind diese bereit, ihnen zu helfen.

In den Provinzen hingegen, wo die wirtschaftliche und soziale

*Lage der Landbewohner besonders unglücklich ist, verbreitet
das Brigantentum sich rasch, erneuert sich permanent und ist
äußerst zählebig. Wie oft sind die Banden Caruso und Crocco
in der Capitanata und in Lukanien schon gestellt, dezimiert
und fast völlig aufgerieben worden. Und doch sind sie immer
wieder erstanden.*

Als Briganten verhaftet: Bauern aus Barile

3 Alte Unordnung und neue Mißwirtschaft

Man spricht in Italien seit langem von »bourbonischen Ver-
hältnissen«, um die Mißwirtschaft und Korruptheit der politischen und staatlichen Organe zu charakterisieren.

Tatsächlich kommt seit der italienischen Einigung die über-
wiegende Mehrheit der Staatsbeamten aus dem unterent-
wickelten Süden und von den Inseln.
Welches Erbe da auf den neuen Einheitsstaat zukam, war
den Piemontesen, die ihrerseits als Eroberer in den Süden
kamen, nicht bewußt.

Am 20. Mai 1861 schrieb der Diplomat Constantino Nigra
an den Ministerpräsidenten seiner Majestät des Königs von
Italien, den Grafen Cavour, dessen enger Vertrauter er war,
aus Neapel einen ausführlichen Brief über die Lage im
Süden.

Nigra

Seine Darstellung ist nicht nur eine erstaunliche Schilderung
der Lebensverhältnisse im Mezzogiorno. Vergleicht man
seine Bemerkungen über die Bürokratie mit der heutigen
italienischen Situation, so zeigt sich, daß es den Piemontesen
nicht gelungen ist, den »bourbonischen Geist« der Südprovinzen zu besiegen.
Nigra schreibt unter anderem:

Die Geschichte ist voller Verfehlungen bourbonischer Ver-
waltung, und keine Geschichte hat es je vermocht, diese unge-
heure Plage zu besiegen. Von einigen Ausnahmen abgesehen
– die umso ehrenwerter sind, desto seltener sie sind –, kann
man in aller Wahrhaftigkeit sagen, daß im Süden jeder Zweig

118

der öffentlichen Verwaltung von der übelsten Korruption befallen ist.

Die Kriminalgerichtsbarkeit dient lediglich der Rache des Fürsten. Die zivile Gerichtsbarkeit ist zwar weniger korrupt, aber ebenfalls ganz von der Willkür der Regierung abhängig. Keine Freiheit, weder privat, noch für die Rathäuser. Die Gefängnisse und Strafkolonien sind voll von ehrenwerten Bürgern, die ihr Leben zusammen mit den übelsten Verbrechern fristen müssen.

Beamte gibt es zehn Mal soviele, wie benötigt werden. Die hohen Beamten werden weit über ihrem Wert bezahlt, die Gehälter der niedrigeren Beamten sind völlig unzureichend. Korruption und Eigennutz bleiben unbestraft.

Mißbrauch der Pensionen. Kaum geborene Knaben werden zu Beamten ernannt, so daß ihre Dienstjahre von der frühesten Jugend an zu zählen beginnen.

Keinerlei Volksschulen. Nur wenige, unzureichende Mittelschulen. Universitätsunterricht wenig und schlecht. Noch stärker vernachlässigt die weibliche Ausbildung. Deshalb äußerste Dummheit der niederen Klassen.

Kaum Kommunikationsmittel. Die Straßen bedroht, ebenso das Eigentum und das Leben der Bürger. Die Provinzen vernachlässigt. Wenig Handel trotz der großen Resourcen des unerhört reichen Landes. Nur sehr wenig Industrie. Deshalb außer der Dummheit auch noch Elend und Hunger. Die Verwaltungsaufgaben übertreffen bei weitem jede Kalkulation.

Die Wohltätigkeitseinrichtungen haben große Mittel zur Verfügung, sind jedoch arm wegen der übergroßen Zahl an Beamten, Geschäftsführern und Advokaten. Die generelle Regel ist, daß ihre Gehälter drei Viertel der Verwaltungskosten beanspruchen, während nur ein Viertel für die eigentlichen Aufgaben zur Verfügung steht.

In den Gefängnissen, in der Armee, in der Bürokratie und in allen öffentlichen Einrichtungen herrscht größtenteils die »Camorra« (die neapoletanische Form der Mafia), in den Provinzen herrschen die Briganten, das Ganoventum gibt es überall. Die Polizei ist unfähig, arrogant, kriminell und

verfügt willkürlich über die Freiheit und den guten Ruf der Bürger.
Öffentliche Aufträge werden vergeben, bezahlt und nicht ausgeführt. Jegliche Macht, jedes Gesetz, jedwede Kontrolle konzentriert sich in der Willkür des Fürsten. Keine Kontrolle über die öffentlichen Mittel. Der Klerus riesig, dumm, mit wenigen Ausnahmen im Bistum Neapel, bar jeder Würde und ohne Sinn für das Priesteramt.
Dunkelster Aberglaube im Volk. Die Bettelei weit verbreitet in allen Klassen, selbst bei den besseren Leuten, nur auf andere Art und Weise. Keine Zeitungen, keine Bücher. Die Armee korrupt, kriegerisch unerfahren und ohne Vertrauen in die eigenen Offiziere.

Ein anderer Piemontese, Graf Alessandro Bianco di Saint-Jorioz, schreibt in seinem schon zitierten Buch »Das Brigantentum an der päpstlichen Grenze zwischen 1860 und 1863«: *Alles in diesem Land begünstigt das Brigantentum.*

In der Verwaltungs- und Gesetzgebungspraxis der Piemontesen hatten diese Analysen und alle Reformvorschläge keine Wirkung, und die Situation verschlechterte sich noch.

Am 10. Juni 1863 legte der Finanzminister dem Parlament den Entwurf eines Gesetzes zur Neuordnung der Eigentumsverhältnisse auf der erwähnten »apulischen Ebene« in der Provinz Foggia – der sogenannten »Capitanata« – vor, die, wie der Abgeordnete Miceli am 31. Juli 1863 sagte, eines der fruchtbarsten Gebiete Süditaliens war.
Die apulische Ebene gehörte bis dahin dem Staat, und die apulischen Großgrundbesitzer hatten das Gebiet von alters her in »Enfiteuse«. Die »Enfiteusis« ist ein Besitzrecht, das dem Besitzer den Nießbrauch an dem Gebiet einräumt, ihn gleichzeitig aber auch verpflichtet, das Land zu bewirtschaften, und den Einwohnern des Gebietes dadurch eine gewisse Erwerbstätigkeit zu sichern.
Durch das geplante Gesetz sollte die »Enfiteuse« in Eigentum umgewandelt werden, ohne daß die Grundherren etwas dafür zu bezahlen brauchten.

Zu Recht warfen die oppositionellen Abgeordneten der Regierung vor, sie betriebe eine Agrarreform zu Lasten der armseligen Bauern:

Und warum hat der Minister bei einem so wichtigen Projekt nicht daran gedacht, daß hier eine gute Möglichkeit bestanden hätte, die beschämende Plage, von der die Provinz heimgesucht wird, zu heilen und der Klasse der Tagelöhner eine ehrbare und auf Arbeit gegründete Existenz zu schaffen?

Man braucht nicht zu revolutionären Maßnahmen zu greifen, sondern nur das Prinzip anzuwenden, daß die Regierung nicht ausschließlich eine soziale Klasse begünstigen darf, sondern die Regierung aller sozialen Klassen zu sein hat, um einzusehen, daß dies der Moment gewesen wäre, um das Schicksal der armen Bauern zu verbessern und damit die Quelle des Brigantentums in der Capitanata zu beseitigen.

Wer zwingt den Minister dazu, den gegenwärtigen Besitzern der 200 000 Hektar der apulischen Tafel das volle Eigentum einzuräumen, ohne sie dazu zu zwingen, mit dem Staat einen Vertrag auszuhandeln, der einer Verbesserung der landwirtschaftlichen Situation dieser Provinz dient, indem er auch den »terrazzani« Eigentum an Grund und Boden verschafft und dadurch das Brigantentum einschränkt?

Jeder dieser reichen Herren, die jetzt mit der Befreiung von der Enfiteuse beschenkt werden, hätte vom Staat, der auch ein reicher Herr ist, dazu gezwungen werden müssen, seinerseits Land abzutreten, an die vielen tausend Unglücklichen, die keine Arbeit haben und niemals genug Arbeit haben werden und deshalb gezwungen sind, zu rauben, um nicht zu sterben.

Die Kritik war gut gemeint; aber sie war nicht gründlich genug und unterschlug die Hintergründe der Regierungspolitik. Die Lage der »terrazani« konnte nicht dadurch verbessert werden, daß man ihnen ein Stück Land übergab.

Pasquale Villari wies in seinen »Briefen an einen Chefredakteur« darauf hin.

Es gab Gebiete im Mezzogiorno, schreibt in denen nach dem Sturz der Bourbonen die Ländereien des Fiskus und der Kirche an Kleinbauern übereignet wurden.

Infolge ihrer Armut waren diese weder in der Lage, den

Kaufpreis zu bezahlen, noch das Land effektiv zu bewirtschaften. So mußten sie das Land aufgeben, und nach einer Weile waren auch hier die ehemaligen Domänen in der Hand der Großgrundbesitzer. Villari kommt deshalb zu dem Schluß:

Die verfassungsmäßige Regierung ist im wesentlichen eine Regierung des Bürgertums. Die besitzende Klasse wird, in Ermangelung anderer, zur herrschenden Klasse. Und die Rathäuser, die Provinzen, die sozialen Einrichtungen, die Polizei sind in ihrer Hand.

Wer umgibt die Präfekten, wer berät die Regierung, worauf stützen sie sich?

4 Ein Aufstand in Apulien

Regierung und Militär setzten von Anfang an auf die militärische Lösung statt auf die sozialpolitischen und der Krieg der Briganten ging weiter.

Neben der Basilikata war vor allem der angrenzende Teil von Apulien betroffen, und auch dafür will ich ein Beispiel geben.

Der Aufstand in der Capitanata sollte am 20. Juli 1861 in Gioia del Colle (Apulien) beginnen.

Am 2. Juli 1861 schrieb der Präsident des bourbonischen Komitees, Herr Tanzella, an den Vizepräsidenten in Traversa, Provinz Bari, einen Brief, in dem er ihn aufforderte, soviele Leute wie möglich aufzutreiben und ihnen die Instruktionen zu übermitteln, die er bereits früher gegeben hatte.

Als Kassierer und Sekretär solle er ihren Freund Paolo Pizzuti heranziehen. Pizzuti war unter der alten Regierung Postbeamter gewesen und von den Piemontesen entlassen worden. Tanzella und die Herren vom bourbonischen Komitee versprachen ihm im Falle eines Sieges den Posten eines Postdirektors in Bari.

Inzwischen hatte Pizzuti sich von der Nationalgarde in Bari anwerben lassen, um jede ihrer Bewegungen sofort zu melden. Tanzella forderte seinen Vizepräsidenten auf, sich jeden Tag Bericht erstatten zu lassen und Pizzuti auch wegen der versprochenen Beförderung ständig zu kontrollieren.

»Die Tagesparole erhaltet ihr morgen«, schrieb Tanzella und: »Es lebe unser König Franz II.! Es lebe der Papst, unser Herr! Tod den Eindringlingen: Napoleon, Viktor Emanuel und Garibaldi!«

Als die Reaktion beginnen sollte, wurde sie aufgedeckt.

Am 20. Juli 1861 wurden in Gioia del Colle mehrere Personen verhaftet, die an der bourbonischen Verschwörung teilgenommen und zahlreiche Veteranen angeheuert hatten.

Am 21. Juli wurde noch ein Brief aus Bari beschlagnahmt, in dem es hieß:

»Unsererseits ist alles bereit, und wir erwarten jetzt Eure Antwort.

Schickt am 24. eine Vertrauensperson nach Modugno, damit sie sich mit einem von uns trifft und uns Eure Bestätigung überbringt. Das Losungswort ist: ›Heilige Maria‹, und die Antwort lautet: ›hervorragend‹.«

Am 24. Juli 1861, gegen ein Uhr nachts, kam die Meldung, daß draußen auf der Landstraße ein Mord passiert sei. Der Bürgermeister ging mit einigen Nationalgardisten hinaus und entdeckte, daß der Tote ein Korporal der Nationalgarde war.

Vier Veteranen hatten ihn überfallen, um sein Gewehr zu erhalten.

Als er der Sache nachging, stellte er fest, daß eine ganze Bande Briganten die alleinstehenden Gehöfte abklapperte, um sich Waffen und Munition zu beschaffen.

Am 28. Juli machte man sich mit 130 Mann Nationalgarde daran, die Briganten aufzuspüren, traf jedoch nur auf vier versprengte Veteranen, von denen zwei auf der Flucht erschossen wurden. In der Stadt ließ man derweil die große Glocke läuten, doch beim Wachlokal kamen nur knapp 100 Mann zusammen, darunter zwei Priester, drei bewaffnete Mönche und ein Alter. Sie wurden in drei Züge aufgeteilt.

Später meldeten die Wachtposten, die mit einem Fernglas

Bersaglieri. Attacke

Truppe. Nach getaner Arbeit

auf einem Turm saßen, daß 30 oder 40 Männer aus dem Gebiet kämen, auf das die Patrouille der Nationalgarde zumarschierte und in dem man die Briganten vermutete.
Sie hätten sich auf der Konsularstraße nach Taranto versammelt. Man schrie Alarm.

Gegen 14 Uhr standen die Angreifer unterhalb von Gioia und begannen im Laufschritt die Stadt zu erstürmen. Im Süden liegen die meisten Städte auf einem Berg.
Man ließ deshalb die Kanone auf die angegriffene Seite bringen, und auch die Nationalgardisten gaben volles Rohr. Das Scharmützel dauerte eine Weile, doch als die ersten zwei Angreifer gefallen waren, zogen sich die Briganten in einen außerhalb der Stadtmauer gelegenen Vorort namens San Vito zurück, der etwa 3 000 Einwohner hatte.
Wenig später hörte man aus San Vito die bekannten Hochrufe:
»Es lebe Franz II.! Legt Feuer! Frei zum Plündern!« etc.
Überall wehte die weiße Fahne.

Jetzt bekam es der Bürgermeister mit der Angst zu tun, auch in Gioia könnte ein Volksaufstand ausbrechen. Er verhängte deshalb Ausgehverbot, ließ alle Einwohner in die Häuser treiben und postierte an allen Kreuzungen Nationalgarden. Gleichzeitig ließ er überall in der Gegend seine Patrouille suchen und bat den Gouverneur, sofort Truppen zu entsenden.
Gegen 20 Uhr traf aus Altamura ein Oberleutnant der königlichen Carabinieri mit sechs Mann und 22 Nationalgarden ein und gegen 22 Uhr kam endlich die Patrouille zurück. Ihr hatte sich ein Fähnrich mit 25 Mann Truppe und viel Nationalgarde aus Laterza angeschlossen.

Man befahl zum Angriff auf San Vito. Noch während des Vorrückens traf aus Bari ein Fähnrich mit 40 Infanteristen ein und warf sich ebenfalls ins Gefecht.
Viele Briganten flüchteten hinaus aufs Land und wurden von der Truppe, die den Ort umstellt hatte, niedergemacht. Andere hatten sich in den Häusern verschanzt. Sie wurden herausgeholt und standrechtlich erschossen.

125

Daran beteiligten sich auch ein Trupp Nationalgarde aus Acquaviva und einer aus Bari, die in dem Moment eintrafen und an der Wiederherstellung der Ordnung mitwirkten.

Ein »body-count« fand nicht statt. Der Bürgermeister sprach von 51 toten Briganten.
Der Leutnant der Carabinieri meldete 50 tote Briganten.
Die Zeitung »Il paese« (»Das Land«) spricht von 150 toten Briganten, und ein Professor Grimaldi machte 1901 folgende Rechnung auf:
93 angreifende Briganten, von denen nur drei flüchten konnten, während die übrigen erschossen wurden.
44 Personen, die mit der Waffe in der Hand in ihren Häusern angetroffen wurden und die man noch am selben Abend erschoß.
19 Personen, die man am anderen Morgen aus ihren Häusern holte, und die ebenfalls erschossen wurden, weil sie ihre Waffen nicht abgegeben hatten.

Schreibt der Professor:
Rechnet man zu den 90 die 44 Erschossenen desselben Abends und die 19 des darauffolgenden Morgens, so gab es insgesamt 159 Tote. 159 Tote! Eine Zahl, die einen nicht gleichgültig läßt und die bezeugt, wie blutig das Gefecht gewesen sein muß.
Ich errechne unter Zugrundelegung seiner Zahlen 153 Tote.
Die Briganten brachten angeblich sieben Bewohner von San Vito um, das im übrigen die Ankunft der Briganten zum Volksaufstand benutzt hatte.
Man kann daraus schließen, daß innerhalb der Stadtmauern von Gioia die besseren Leute wohnten, im Vorort San Vito hingegen die Landarbeiter.
Aus Gioia del Colle liegt – neben zahlreichen Berichten – ein seltenes Dokument vor, nämlich die Abrechnung der auswärtigen Nationalgarden und Truppen, die die Stadtverwaltung zu bezahlen hatte.
Nachdem in der Nacht des 28. Juli, als schon alles vorüber war, sich noch ein Hauptmann mit einer Kompanie Soldaten, ferner Nationalgarde aus vier umliegenden Ortschaften und Freiwilligenverbände aus zwei Städten in Gioia gemel-

det hatten, mußte die Stadtkasse allein an Tagegeldern mehr als 1 100 Dukaten aufwenden. Hinzukamen kleinere Beträge unter anderem für Kutschen für die Heimfahrt der Offiziere, Gepäckträger, Heu für die Pferde, Logis, Totengräber, Totenwäsche und Totenträger, Kuriere, Öl für die Lampen, etc. so daß die Niederschlagung des Aufstandes und die Bekämpfung der Briganten die Stadt insgesamt 1 356,64 Dukaten kostete.

5 Der Tod des Sergeanten Romano und das Blutbad der Kavallerie von Saluzzo

Die Briganten, die Gioia del Colle angriffen, standen unter Führung des »Sergeanten« Romano. Er stammte aus Gioia, wo auch seine Angehörigen lebten, und gehört zu den wenigen Brigantenführern, die auch bei den Piemontesen eine gewisse Achtung genossen.

Dieser Brigant, schreibt die Parlamentskommission, *war nicht so verworfen wie die anderen. Er hatte Mut und starb im Gefecht. In seinem Gemüt vermischten sich ein starker Fanatismus mit einer einfachen Religiosität, doch selbst seine ständigen Verbrechen hatten nicht allen Sinn für Ehre in ihm erstickt. Manchmal erreichte ein Lichtstrahl die Dunkelheit seines Herzens und fügte ihm die unbezwingbare Traurigkeit zu, die das Gewissen verursacht. In diesen Augenblicken, da er in sich selber versank, schrieb er sein Tagebuch, das den Titel trägt: »Mein Unglück«.*

An seine Verlobte Lauretta D'Onghia schrieb er einen Brief, in dem es heißt:
»Angebetete meiner Seele, die Trennung von Euch schnürt mir Tag für Tag das Herz zusammen, und das einzige, was meinen Geist beruhigt, ist, daß ich weiß, wieviele Gebete Ihr für mich an den Allerhöchsten richtet, damit er mich aus dieser Ehrlosigkeit befreit, die mich so oft betrübt. Ich kann Euch nur versichern, Angebetete meines verletzten Herzens, daß wir alle befreit sein werden, sobald unser König wieder seinen Thron bestiegen hat.«

Im Umgang mit piemontesischen Soldaten war er, wie es scheint, zu erweichen.

Gegen Mittag des 23. oder 24. Oktober kampierten zwei Kompanien der Nationalgarde und ein Zug Carabinieri auf einem Gutshof, neun Meilen von Brindisi (Apulien) entfernt.

Auf einmal sehen sie in einiger Entfernung eine große Schar Briganten.

Sofort kommt der Befehl zum Angriff.

Die Angreifer sind nur noch 500 Meter von den Briganten entfernt, als die Offiziere der Nationalgarde ihre Pferde wenden und flüchten.

Führerlos und aufgeregt verstecken sich die Nationalgardisten zu Fuß in der näheren Umgebung, während die Carabinieri die Briganten in einem harten und verlustreichen Gefecht zurückschlagen.

Die Briganten werfen sich jetzt auf die versteckten Nationalgardisten, nehmen zwölf von ihnen gefangen und verschleppen sie auf den Gutshof.

Was hier geschah, berichtete der Nationalgardist Donateo. Sie mußten sich in einer Reihe hinknien und dann sagte Romano zu dem ersten, namens Mauro:

»Du hast vier Carlinos am Tag als Spion für die Bourbonen gekriegt; jetzt bist du Spion bei den Piemontesen und kriegst drei Carlinos. Du wirst erschossen.«

Zum nächsten, namens Pecoraro, sagte er:

»Wir wissen, daß auch du gegen uns spioniert hast.«

Er hatte ein kleines Notizbuch in der Hand, in dem er alles aufgeschrieben hatte und aus dem er vorlas.

Nach Romano trat ein Brigant auf, der bei dem Gefecht verletzt worden war und sprach die Todesurteile über die Nationalgardisten.

Nachdem Mauro, Pecoraro und ein dritter erschossen worden sind, ist Donateo an der Reihe. Er wird aufgefordert, seinen Kopf in den Sand zu legen. Als er das Gewehr in seinem Nacken spürt, schreit er:

»Madonna del Carmine, hilf!«

Der Sergeant Romano unterbricht die Hinrichtung. »Steh

auf«, sagt er, »und danke der Madonna del Carmine, denn sie hat dir das Leben gerettet!«

Dann verhandelte er eine Weile mit seinen Leuten und läßt auch die übrigen acht Nationalgardisten aufstehen.

Die Briganten schneiden ihnen ein kleines Stück vom linken Ohr ab, der Sergeant Romano entfernt sich, und die Nationalgardisten können gehen.

Zwei Jahre lang agierte Pasquale Romano, wie sein richtiger Name lautete, in der unmittelbaren Umgebung von Gioia del Colle. Er war einer der bekanntesten Brigantenführer jener Jahre.

Am Nachmittag des 5. Januar 1863 hielt er sich mit seiner Bande in demselben Wäldchen auf, das er siebzehn Monate zuvor verlassen hatte, um seine Heimatstadt anzugreifen.

Gegen Mittag hatte er vier Leute ausgeschickt, Nachschub zu organisieren. Man nimmt an, daß sie die Truppe auf seine Spur brachten.

Gegen 21 Uhr, nach anderer Darstellung eine Stunde später, attackierten ihn die Kavalleristen von Saluzzo mit 60 Mann. Ihnen zur Seite standen 50 Nationalgardisten.

Es war ein Überraschungsangriff, gegen den die Briganten sich kaum zur Wehr setzen konnten.

22 Briganten wurden auf der Stelle getötet, zwei gefangengenommen, darunter ein 14jähriger Junge, 25 Pferde und 30 Gewehre wurden beschlagnahmt.

Pasquale Romano wehrte sich verzweifelt gegen die Kavalleristen.

Als er sah, daß jede Gegenwehr zwecklos war, ergab er sich und rief:

»Laßt mich sterben wie ein Soldat!«

Ihm erwiderte der Kavalleriesergeant Cantu:

»Du sollst sterben wie ein Brigant.«

Dann zerfetzte er ihn mit dem Säbel.

Im Triumphzug schleppte die Kavallerie von Saluzzo den toten Brigantenführer hinauf nach Gioia.

Die Anteilnahme der Bevölkerung wurde, je nach der politischen Haltung der Chronisten, unterschiedlich gedeutet.

Feststeht nur, daß die Bevölkerung zahlreich Anteil nahm.

Professor Grimaldi behauptet, die Bevölkerung habe die Kavallerie mit Jubel empfangen und sei in Begeisterung verfallen, als sie den toten Briganten erblickt habe.

Die Leute hätten Freudentänze um den Leichnam vollführt, und ihre Begeisterung sei geradezu unwürdig groß gewesen, denn gerade gegenüber so unglücklichen Menschen wie Romano sei Mitgefühl und Trauer die angemessene menschliche Regung.

Oscar De Poli, der französische Journalist, will hingegen genau dieses angemessene Verhalten festgestellt haben. Sämtliche Einwohner hätten dem heroischen Briganten die letzte Ehre erwiesen und zutiefst getrauert. Wie ein Pilgerzug am Leichnam eines Märtyrers seien die Menschen an dem toten Briganten vorbeigezogen. Kein böses Wort gegen den Toten sei gefallen, kein Vorwurf gegen ihn erhoben worden. Romano habe das ganze Mitleid, die ganze Trauer und alle Bewunderung seiner Mitbürger mit ins Grab genommen.

Feststeht, daß die Schwestern Romanos das Fenster öffneten, um den Grund für die Freude oder die Trauer, was immer es auch war, zu erfahren.

Sie sahen eine Menschenmenge, die einen Esel umgab, auf dessen Rücken etwas lag, das sie nicht genau erkennen konnten.

Erst als der Zug auf dem Platz unter ihrem Fenster hielt und ein Leichnam auf das Pflaster geworfen wurde, erkannten sie ihren Bruder.

Er wurde völlig ausgezogen und zur Abschreckung drei Tage lang nackt auf dem Platz ausgestellt.

Dann ist er an einem unbekannten Ort begraben worden, um zu vermeiden, daß sein Grab eine Wallfahrtsstätte würde.

Die Ermordung des Briganten Romano war nicht die einzige Ruhmestat der Kavallerie von Saluzzo.

Bereits im November 1862 hatten sich die Briganten Croccos im Gebiet von Melfi, nicht weit von Rapolla mit einer anderen Einheit derselben Truppe geschlagen und dabei eine empfindliche Niederlage erlitten, bei der neun Briganten ums Leben kamen und 12 Pferde verlorengingen.

Crocco hielt es deshalb für nötig, dem Kavallerieregiment einen gehörigen Denkzettel zu verpassen.

Anfang März ging das Gerücht, daß Crocco eine große Bande von 100 Mann zusammengezogen habe.

Am 12. März 1863 verließ ein Teil der vierten Schwadron des Kavallerieregiments Melfi, um nach Venosa zurückzukehren, wo sich der Schwadronsstab befand.

Auf halbem Wege erzählen Bauern dem Hauptmann, daß Briganten sich in einem nahegelegenen Gehöft mit Namen Catopana befänden. Sofort läßt er zwei Kuriere nach Melfi zurückreiten und den dort verbliebenen Zug seiner Schwadron zur Verstärkung nachkommen. Der Zug, der aus 21 Kavalleristen bestand, stand unter dem Kommando eines erfahrenen und hochdekorierten Leutnants namens Giacomo Bianchi, der schon am Krimkrieg teilgenommen hatte.

Sein Sergeant war der Pole Michele Lechbiscki, auch er ein alter Hase.

Um so erstaunlicher war das folgende Verhalten der zwei Offiziere.

Leutnant Bianchi ritt zwar zunächst ein Stück zusammen mit der Einheit des Hauptmanns, nachdem er diese befehlsgemäß erreicht hatte.

Nach einer Weile jedoch trennten sich die zwei Einheiten wieder, und der Hauptmann ritt weiter nach Venosa, während Leutnant Bianchi nach Melfi zurückkehrte. Nach dieser Trennung nahm Bianchi jedoch nicht die Hauptverbindungsstraße, sondern schlug sich in die Büsche, um hinüber nach Catopana zu reiten.

Über den Grund dafür gibt es unterschiedliche Darstellungen. Die offizielle Darstellung lautet, der Hauptmann habe den Befehl dazu gegeben. Leutnant Bianchi habe unter Hinweis auf den strömenden Regen und den morastigen Boden zunächst widersprochen, den Befehl dann jedoch befolgen müssen.

In der Zeitung vom 15. März 1861 hingegen stand, der Leutnant habe den Weg nach Catopana eigenmächtig eingeschlagen.

So oder so: Die Bauern hatten nicht geirrt.

In Catopana hatte Crocco fünf Banden zusammengezogen, die unter dem Kommando von einigen der besten Brigantenführer der Umgebung standen:
Giuseppe Nicola Somma, oder auch Summa, genannt Ninco Nanco, Michele Caruso, der später den Piemontesen Nachhilfestunden in Brigantentaktik gab, Giovanni Coppa, von dem ebenfalls schon die Rede war, und andere.
Sie hatten insgesamt etwa 100 bewaffnete Briganten zu Pferd unter ihrem Kommando und wurden von zwei kleineren Banden zu Fuß verstärkt.

Crocco hatte die Kavalleristen unter Kontrolle, seit sie Melfi verlassen hatten. Es ist nicht ausgeschlossen, daß er die Bauern dazu veranlaßt hatte, dem Hauptmann seinen Standort zu verraten, weil er hoffte, die gesamte Schwadron werde nach Catopana kommen.
Daß Bianchi mit seinem Zug auf dem Weg nach Catopana war, hatten ihm seine Späher schon gemeldet.

Bianchi kannte das Gelände nicht. Er wandte sich deshalb an einen Mann, der sich bereit erklärte, ihn zu führen.
Unterdessen organisierte Crocco den Hinterhalt. Es regnete noch immer in Strömen und die Sicht war schlecht. Crocco versteckte 50 berittene Briganten in einem großen Stall, seine übrigen Leute placierte er zu beiden Seiten des Weges hinter einer Hecke.
Leutnant Bianchi hatte eine Vorhut mit drei Leuten gebildet. Als sie fast am Gutshof waren, bemerkten sie hinter der Hecke verdächtige Bewegungen. Sie stoppten den Zug, aber es war schon zu spät.
Zu beiden Seiten des Weges erhoben sich die Briganten, und aus dem Stall kamen die Berittenen.

Über den weiteren Hergang sind die Meinungen ebenfalls geteilt. Feststeht, daß Bianchi das Zeichen zur Flucht gab und dann zusammen mit seinem Sergeanten losritt. Feststeht auch, daß an Flucht nicht zu denken war. Die Pferderasse, die die Kavallerie hatte, war für den Krieg im Süden ungeeignet. Die Tiere wurden auf den dortigen Böden schnell müde. Wenn es geregnet hatte, blieben sie einfach stecken. Nur Bianchi und sein Sergeant hatten schnellere Pferde.

Nach der einen Version ritten die beiden los, in der Annahme, die anderen folgten ihnen. Erst auf einem nahegelegenen Hügel, drehten sie sich um und sahen, wie die Briganten ihre Leute niedermachten.
In dieser Darstellung kommt der heldenhafte Charakter der beiden Offiziere besser zur Geltung.
Bianchi ist ein Held, der an vielen Schlachten teilgenommen hat und niemals an Flucht dachte.
Er entschließt sich, mit den Seinen zu sterben, sein Leben so teuer wie möglich zu verkaufen und kehrt um, ins Gefecht.
Auch der Sergeant, dieser Sohn des heldenhaften polnischen Volkes, läßt seine Soldaten nicht im Stich.
Der Glückliche stirbt nach langem Kampf, von einer einzigen Kugel in die Brust getroffen, während Bianchi nur am Arm verletzt wird und vom Pferd stürzt.
Dann schleifen ihn die Briganten auf den Hof und beginnen, ihn entsetzlich zu foltern. Die Uniform ziehen sie ihm aus und fügen ihm auf der Brust siebzehn leichte Verletzungen zu, um sein Martyrium zu verlängern. Der Leutnant, mit der Kraft eines Herkules, wenngleich schon in Agonie, packt einen seiner Peiniger am Hals, der unter seinem mörderischen Griff zu ersticken droht. Von hinten naht der Brigantenführer Coppa, der in dem Gefecht mit Bianchi schwer verletzt worden war, und schlägt Bianchi, um seinen Genossen zu retten, mit einem einzigen Faustschlag in den Nacken, tot.

In der anderen Version kehren Bianchi und sein Sergeant nicht zu ihrer sterbenden Truppe zurück, sondern werden von Coppa eingeholt. Die Verletzung, die den Leutnant vom Pferd wirft, ist diesmal ein Schuß in den Rücken, und auch die Folterungen sehen anders aus. Bianchi wird erst mit Faustschlägen malträtiert, dann wird ihm der Mund abgeschnitten.
In beiden Versionen wird ihm der Kopf abgeschlagen, in der ersten Version zusätzlich ein Stein in den Mund gesteckt.
Sein Kopf wird auf dem Dach des Gutshofes aufgespießt.

Darunter stellen die Briganten ein Schild mit der Aufschrift: »Rache für die Toten von Rapolla«.

In der Autobiographie Croccos, von dem eine dritte Version stammt, fehlen die Torturen. Hier wird der Kopf auch nicht auf dem Dach befestigt, sondern gegen einen Baum genagelt.

Als anderntags im Morgengrauen die sechs Überlebenden des Massakers, halb nackt und halb tot, in fünf verschiedenen Ortschaften auftauchen, setzt sofort die Verfolgungsjagd ein.

Von überall her werden Truppen eingesetzt, und die betroffene Schwadron der Kavallerie von Saluzzo brennt darauf, ihre Kameraden zu rächen.

Einer ihrer Offiziere erwischt gerade noch die Nachhut der Briganten, tötet fünf von ihnen und verletzt einige.

Danach setzt er die Verfolgung fort, reitet an einer alten, hohen Mauer entlang, wird von oben beschossen und stirbt mit zweien seiner Leute.

Als sich die Piemontesen die Leichen der fünf gefallenen Briganten genauer ansehen, stellen sie fest, daß nur drei von ihnen Briganten sind. Die anderen zwei sind Grundbesitzer, die die Briganten einige Tage zuvor entführt hatten, um von ihren Familien Lösegelder zu erpressen.

6 Ein Spanier in Italien

Das Brigantentum der sechziger Jahre des vorigen Jahrhunderts hatte im wesentlichen zwei Bundesgenossen:
Die Massenbasis bildete das Volk, und für die Legitimation, das Geld, die Waffen etc. sollten die bourbonischen und päpstlichen Komitees sorgen.
Im Spätsommer 1861 ließen sich die Anfangserfolge nicht ausbauen. Das immer wieder kursierende Gerücht, Franz II. werde selber in sein verlorenes Königreich zurückkommen, erwies sich als falsch, und auch die versprochenen Unterstützungen des Papstes und der Bourbonen blieben weit hinter den Erwartungen zurück.
Statt dessen schickten die Bourbonen ein paar Offiziere ins Land, die die Aufgabe hatten, den Oberbefehl über die

Banden zu übernehmen. Es spricht für die autonome Haltung der Brigantenführer, daß sie sich diesen Versuchen mit Erfolg widersetzten.

Die Szene kommt mir bekannt vor:
Nachdem die ersten Gefechte und Erfolge auch im Ausland bekannt geworden sind, kommen aus verschiedenen Teilen Europas Leute, die überall auftauchen, wo eine Revolte stattfindet, um den Briganten zu zeigen, wie man es macht.
Im Spätsommer 1861 landet in Kalabrien der Spanier José Borjes mit zwölf Leuten, zumeist Spanier, aber auch einem italienischen Edelmann, Achille Caracciolo, der uns von Dumas beschrieben worden ist:
Mit dem Kopf eines Soldaten und dem Gesicht eines Verschwörers. Schwarze Haare, herrliche Augen und ein schwarzer Schnurrbart, der sich deutlich von der Blässe des Gesichtes abhebt.
Caracciolo erkannte die Aussichtslosigkeit des Unterneh-

José Borges

mens als erster und verließ die Gruppe, um nach Rom zurückzukehren, wurde jedoch vorher geschnappt.

Borjes, der während der Revolution von 1846–49 mit Unterstützung der Bauern und nach den Regeln des Guerillakampfes in Katalanien gekämpft hatte, versuchte zunächst die Bande des kalabresischen Briganten Mittica unter seine Kontrolle zu bringen und zog dann weiter nach Lukanien, um die Führung über die Banden Croccos zu erlangen.

Es wäre falsch zu glauben, die fremden Edelleute, die ins Land kamen, hätten die Briganten verehrt. Ihre Ideen unterschieden sich nicht wesentlich von denen der Piemontesen, und als diese das Tagebuch von Borjes fanden, ließen sie es sofort veröffentlichen, um zu beweisen, daß die Briganten tatsächlich nichts als eine gemeine Verbrecherbande waren: gemein, dumm, geil, blutrünstig, undiszipliniert, ohne Sinn für militärische Taktik und Ordnung, uninteressiert an Politik und Ideen und interessiert nur am Geld.

So wie ich an der Grenze zum Kirchenstaat nichts als eine Bande von einigen hundert Verbrechern vorfand, schreibt der Spanier Tristany in seinen Memoiren, *so wurde Borjes bei seiner Landung in Kalabrien noch nicht einmal von einem Hund begrüßt, der ihn unterstützt und seine Ankunft gefeiert hätte.*

Am 19. Oktober 1861 erreichte Borjes den Wald von Lagopesole. Es regnete noch immer, und die Reise war beschwerlich gewesen. Sie hatten nichts zu essen, und für die letzten vier Meilen hatten sie acht Stunden gebraucht.
Von Crocco keine Spur.
Am nächsten Nachmittag erfährt Borjes, daß acht Meilen weiter etwa 1 000 Briganten unter dem Kommando Croccos biwakieren und schickt einen Offizier mit einem Brief hin. Alles erscheint ihm höchst unordentlich, und er bedauert, nicht über 300 Mann zu verfügen. Dann würde er die Sache schon im Sinne seiner Majestät regeln.
Er wartet und wartet. Am 21. Oktober kommen zwei seiner Leute ohne den Kurier zurück: Crocco habe keine Zeit; Borjes solle zu ihm kommen.
Ein schwerer Ungehorsam.
Er macht sich auf den Weg und stößt nach 17 Stunden auf eine kleine Bande.

Später in der Nacht kommt auch Crocco, läßt sich aber nicht sehen, sondern verschwindet gleich in einem nahegelegenen Wäldchen, wo er eine Freundin hat.

Borjes ist empört.

Am Morgen des 22. Oktober endlich meldet sich Crocco, weigert sich jedoch, Borjes Autorität anzuerkennen und meint, er müsse erst auf seinen bourbonischen Berater Langlois warten, der aus Potenza erwartet wird.

Am frühen Nachmittag verschwindet er einfach, ohne zu sagen, wohin. Er läßt sich General nennen. Borjes hatte 100 Berittene und 500 Briganten zu Fuß für sich beansprucht. Crocco hatte sie ihm trocken verweigert.

Dieser Fremde, der zu uns kam, um Leute anzuwerben und meine Bande um Hilfe bat, schreibt Crocco in seiner Biographie über Borjes, *war mir vom ersten Augenblick an unsympathisch, weil mir sofort klar war, daß ich ihm meinen Rang als General und Kommandant meiner Bande abtreten und eine untergeordnete Stellung einnehmen sollte.*

Aber noch machte Borjes sich Illusionen. Mehrmals täglich führt er aus lauter Langeweile Tagebuch. Am 22. Oktober schreibt er schon wieder:

Es ist schlimm, daß ich nicht fünfhundert Mann unter meinem Befehl habe, um mir Gehorsam zu verschaffen.

Am 23. und 24. Oktober erlebt er absolut nichts.

Am 25. Oktober greifen die Piemontesen an. Es gelingt Borjes, sich abzusetzen, aber er hat schwere Verluste. Zwei seiner besten Leute fallen, der eine, ein Major, mit 400 Piastern in der Tasche, die er den Piemontesen lassen muß.

Später verleiht Borjes zwei Mitgliedern der Bande Croccos Orden und bedauert, nicht einmal ihre Namen zu kennen.

Am nächsten Tag erfährt er, daß Crocco und Langlois auch militärisch unzuverlässig sind. Während des Angriffs am Tag zuvor hatten sie die rechte Flanke übernommen und waren auch als erste vorgerückt. Bei der ersten Feindberührung aber hatten sie sich zurückgezogen, so daß Borjes fast umzingelt worden wäre.

Am 27. Oktober fällt einer von Borjes' Leuten, während er Wein holen geht – ein Vater von fünf Kindern. Borjes verspricht der weinenden Witwe eine monatliche Rente von 9 Dukaten, die sie nie erhalten wird.

Inzwischen weicht Crocco ihm weiterhin aus, läßt ihn aber nicht völlig abblitzen, da er nicht weiß, welche Mittel Borjes zur Verfügung hat.

Zweimal schickt er Mittelsleute vor, um Borjes zu testen.

Am 29. Oktober teilt Langlois Borjes mit, Croccos Neffe Bosco habe ihn beauftragt, ihm zu sagen, er, Crocco, verlange eine von seiner Majestät unterschriebene Ernennung zum General und eine größere Geldsumme. Dann sei er bereit, sich Borjes' Kommando zu unterstellen und enger mit den Bourbonen zusammenzuarbeiten.

Am 30. Oktober läßt er Langlois zu Borjes gehen und ihm ausrichten, sein Vater stehe in Kontakt mit dem piemontesischen General La Chiesa. Dieser habe ihm geschrieben, er möge bei ihm vorstellig werden, doch Crocco habe geantwortet, der General solle sich bei ihm melden.

Im übrigen verlange General Chiesa 6000 Dukaten. Für diesen Betrag sei er bereit, die Provinz den Briganten zu überlassen.

Borjes antwortet, er sei bereit, die 6000 Dukaten zu zahlen, wenn General Chiesa ihm nur eine große Stadt überließe, obwohl er das Geld nicht hat.

Insgeheim zweifelt er daran, daß ein solches Angebot überhaupt vorliegt. Er vermutet, daß Crocco ihn hereinlegen will.

Tatsächlich hatte Crocco nicht nur deshalb kein Interesse an Borjes, weil er seine Stellung nicht verlieren und die Hierarchie seiner Banden nicht gefährden wollte. Er gibt zu, daß sie das Leben in Freiheit und das ungehinderte Räubertum der militärischen Disziplin vorzogen.

Doch sein Haupteinwand war objektiver Natur. So schreibt er in seine Autobiographie über Borjes:

Er war ein armer Illusionär, der aus seiner fernen Heimat gekommen war, um das Kommando über eine Armee zu übernehmen und der geglaubt hatte, überall im Süden aufständische Volksmassen anzutreffen.

Nachdem er in Kalabrien die erste Enttäuschung erlebt hatte, wollte er mich und meine Leute davon überzeugen, daß es nicht schwierig sei, hier in Lukanien einen richtigen Aufstand anzufachen, da ich eine große Bande, mit ausgezeichneten Leuten, guten Waffen und exzellenten Pferden hatte. Doch die Erfahrung, die Meisterin des Lebens, riet mir, mich nicht auf die Reaktionäre zu verlassen.

In seiner Vernehmung, Jahre zuvor, hatte Crocco das Argument noch vertieft:

Er bekniete mich förmlich mit der Behauptung, in Spanien habe er mit drei Mann, einer mit einem Gewehr, der zweite mit einer Keule und der dritte mit einem Säbel, eine Armee von 100 000 Mann auf die Beine gestellt.
In Lukanien können wir mit 1 000 gut bewaffneten Männern Wunder wirken. Ich antwortete ihm:
»General, seht Ihr nicht, daß die Truppe uns überall verfolgt? Heute besetzen wir einen Ort und es passieren alle diese Sachen. Am anderen Tag müssen wir wieder abziehen und die Truppe kommt und besorgt den Rest. Zum Schluß beginnt die Bevölkerung noch, uns zu hassen und empfängt uns mit Gewehrschüssen, aber nicht, um den piemontesischen König zu retten, sondern ihr eigenes Leben, ihr Hab und Gut.
Heute besetzen wir ein Dorf, morgen besetzen es die anderen, damit erreichen wir nichts. Eine Sache ist schön, wenn man sie behalten kann.«

Am 30. Oktober 1861 reist Borjes ab, um sich im Kirchenstaat zu beschweren. An diesem Tag schreibt er in sein Tagebuch:

Wenn ich ein paar hunderttausend Franken hätte, 300 Männer und ein paar Offiziere, könnte ich vielleicht Herr der Lage werden.

Anfang Dezember 1861 schneite es in den Abruzzen und die patrouillierenden Truppen bemerkten zahlreiche Hufspuren. Am 7. Dezember wurden die Reiter bei Scurgula erkannt: Es waren Borjes und seine Leute.

Ein richtiger Brigant hätte bei diesem Wetter keinen Fuß vor die Höhle gesetzt. Er wäre lieber halb verhungert oder erfroren, statt weiterzureiten.

Die Spuren im Schnee machten ein Entkommen aussichtslos.

Borjes ritt weiter.

Am Abend stand fest, daß er in den Kirchenstaat wollte. Die Piemontesen machten sich nicht einmal die Mühe, ihn zu verfolgen, sondern gaben die Meldung telegraphisch weiter, sobald er einen Posten passiert hatte.

Am 8. morgens rasteten die Spanier in einem Gutshof, keine fünf Pferdestunden von der Grenze entfernt.

Einige Freischärler versuchten zu flüchten und wurden sofort niedergemacht.

Dem Major der Bersaglieri Franchini stand plötzlich ein Brigant gegenüber, richtete das Gewehr auf seine Brust und drückte ab. Er hatte Ladehemmung. Der Major richtete sein Gewehr auf den Briganten, drückte ab und hatte ebenfalls Ladehemmung. Sie drehten ihre Gewehre um, doch der Major war schneller. Mit zerschmettertem Kopf fiel der Brigant zu Boden.

Jetzt zündeten die Piemontesen das Bauernhaus an, um Verluste zu vermeiden.

Borjes ergab sich mit 22 seiner Leute. Seinen Säbel wollte er dem Major nur persönlich geben.

Bei der Übergabe sagte er: »Gut gemacht, junger Mann!« Während des Ritts nach Tagliacozzo rauchte er spanische Zigarillos und lobte die Bersaglieri: »Feine Truppe!«

Auf die Frage, welches sein Ziel gewesen sei, antwortete er: »Ich wollte meinem König Franz II. mitteilen, daß seine Anhängerschaft im Süden nur aus armseligen Ganoven besteht und daß General Crocco ein Gauner ist.«

Im übrigen weigerten er und seine Leute sich, irgendwelche Aussagen zu machen.

Bis zuletzt glaubte er nicht, daß man einen spanischen Offizier hinrichten würde.

Dann beichtete er und befahl seinen Leuten, tapfer zu sterben.

Gegen 16 Uhr wurde er erschossen.

Der Konflikt um die Führung der Banden Croccos war kein
Einzelfall.
Besonders denkwürdig waren die Auseinandersetzungen
um die Führung der Bande des Briganten Chiavone.
Der Brigant stammte aus Sora, knapp hundert Kilometer
südlich von Rom, unmittelbar an der Grenze zum damaligen
Kirchenstaat. Sein richtiger Name war Luigi Alonzi, genannt Memmo.
Aus der bourbonischen Armee war er ausgestoßen worden,
nachdem man ihn wegen eines Ehrendeliktes verurteilt
hatte. Er galt als undiszipliniert, drehte krumme Dinger und
diente zeitweise als Waldhüter in Sora.
Sein Charakter war dunkel, grausam und wild. Sein äußeres
galt als rauh und bitter. Doch hatte er etwas Nachdenkliches
in seinem Gesicht, das nicht unattraktiv war und ihm den
Anschein eines ungewöhnlichen Menschen gab, dessen
Denken nicht so beschränkt war, wie es schien.

An anderer Stelle heißt es, er sei 30 oder 32 Jahre alt
gewesen. Er war ziemlich groß, und sein Gesicht wäre nicht
unsympathisch gewesen, wenn er nicht immer so finster
gewesen wäre und nicht den ruhelosen Blick eines Mannes
gehabt hätte, der ständig in der Angst lebt, von seinen
Untergebenen ermordet zu werden.
Er hatte damit nicht unrecht, wie wir sehen werden.
Schnurrbart und Backenbart blond.

Daß der Papst und die Bourbonen ihn unter Kontrolle ha-
ben wollten, war verständlich.
Er arbeitete praktisch vor ihrer Haustür und ließ sich diese
Arbeit gut bezahlen.
Vor allem aber ließ seine Arbeitsweise ernsthafte Zweifel
zu: Sie war den Gerüchten zufolge nicht nur unseriös, son-
dern auch uneffektiv.
In die Geschichte des Brigantentums ging Chiavone deshalb
vor allem seines exotischen Auftretens und seines lässigen
Arbeitsstils wegen ein.
Stolz zeigte er sein Hauptmannspatent, das Franz II. ihm

durch den Bischof von Sora zukommen ließ, nannte sich jedoch Generalissimus der Armee Franz II.

Er liebte es, sich theatralisch zu kleiden, wie sein legendärer Vorgänger Fra Diavolo aus dem alten Königreich Neapel im 18. Jahrhundert, der in die Literatur- und in die Operngeschichte einging.

Chiavone trug kurze Hosen und Sandalen, wie ein Hirte in Festtagskleidung, darüber eine enganliegende Tunika, aus der das dicke wollene Hemd mit großen, farbigen Karos schaute.

Berühmt war die gewaltige Schärpe, die er um die Hüften trug. Sie hielt seine Hosen zusammen und in ihr steckten die beiden Revolver, auf die er sehr stolz war und die er fortgesetzt polierte. Auf dem Kopf trug er einen Hut, der immer schief saß, ohne Kordel, aber mit einem Büschel verschiedenfarbiger Federn.

Die Generalsuniform, die Franz II. ihm geschenkt hatte, gefiel ihm angeblich nicht. Es heißt, sie habe ausgesehen wie eine Livree mit silbernen Knöpfen, während er goldene Knöpfe vorgezogen hätte.

Nach dem Sturz der Bourbonen, als in Sora bald die Liberalen, bald die Bourbonen die Oberhand hatten, erbot er sich, mit einigen Köhlern, die sich ihm angeschlossen hatten, für Ruhe und Ordnung zu sorgen.

Da sich kein Besserer anbot, wurde er akzeptiert, doch als die piemontesische Herrschaft sich zu stabilisieren begann, wurde er wieder fortgejagt.

Er ging mit seinen Köhlern in die Berge und vergrößerte bald seinen Anhang. Sein Reich waren die Berge oberhalb von Sora. Hier lebte er, während seine Späher unten im Tal ihm jede Truppenbewegung anzeigten. Sobald eine Ortschaft ohne Garnison war, griff er an. Nach Sora wagte er sich nur ein einziges Mal und flüchtete, als Truppen anrückten. An den regelmäßigen Beutezügen seiner Leute beteiligte er sich nicht. Er sicherte lediglich die Fluchtwege.

Obwohl er beinahe Analphabet war oder jedenfalls nur mühsam schrieb, schrieb er viel, an jedermann und zu jeder Gelegenheit. Am liebsten veröffentlichte er Proklamationen, die er in Ortschaften erließ, die fest in piemontesischer Hand waren. So glaubten die Leute, vor allem aber seine bourbonischen und päpstlichen Hintermänner, er habe schon wieder eine Stadt erobert.

Einmal erließ er ein Dekret und zeichnete es so ab, daß jeder glauben mußte, sein Hauptquartier befinde sich direkt in Sora. Tatsächlich aber saß er zur selben Zeit zwei Stunden entfernt sicher auf kirchenstaatlichem Gebiet.

Am 27. Mai 1864 schickte er der Garnison von Sora einen Parlamentär. Er forderte die Truppe auf, sich zu ergeben und sicherte den Soldaten freies Geleit bis nach Turin zu. Eilig ließ der Kommandant eine Kanone auffahren. Chiavone saß schon wieder im Kirchenstaat, den die Piemontesen nicht betreten durften.

Das war seine Taktik. Er griff nur kurz an und zog sich dann schnell wieder hinter die Grenze zurück, die von den Franzosen bewacht wurde. Zornig schauten die Italiener, die ihm nachgerannt waren, hinüber.

Nach jedem falschen Dekret, jedem Angriff mit anschließender Flucht fuhr er nach Rom und ließ sich seine Dienste bezahlen. In Rom hielt man ihn lange Zeit für einen erfolgreichen Condottiere. Nach jeder Reise stieg sein Dienstgrad.

Erst war er Hauptmann, dann Oberst, dann General, dann Generalleutnant.

Naiv war er nicht, aber schlecht war er auch nicht. Eines Tages brachten ihm seine Leute zwei piemontesische Carabinieri. Er hing sie nicht auf, sondern behandelte sie mit ausgesuchter Höflichkeit und bot ihnen sogar Kaffee an, den er in einem nahegelegenen Dorf holen ließ. Nach dem Kaffee forderte er sie auf, sich bei ihm für Franz II. oder den Papst anwerben zu lassen. Als sie sich weigerten, ließ er sie frei, nahm ihnen aber die Uniformen ab.

Marc Monnier schreibt trotzdem schlecht über ihn:
Er war nur am Geld interessiert, sei es, daß er es in Rom erhielt, für seine »Dienste«, sei es, daß er es von den Herren erpreßte. Die Kugeln fürchtete er: Ich wiederhole, er war weder ein Partisan, noch ein Brigant.
Partisan wäre ein Euphemismus, Brigant eine Hyperbel. Er

war nichts als ein Spekulant, der von den Herren Lösegelder
kassierte und auf den König spekulierte, dem er diente.

Als die Römer Verdacht geschöpft hatten, schickte man ihm
zunächst zwei Preußen zur Kontrolle: Den Grafen Kalk-
reuth und einen anderen Offizier namens Mazorasky oder
ähnlich. Sie nahmen an seinen Abenteuern teil, beanspruch-
ten aber keine Führung über die Bande.

Später entsandte man den Marquis Alfredo De Trazégnies,
der mit dem Marschall Saint Arnault und der Frau des
italienischen Botschafters beim belgischen Königshof ver-
wandt war.

De Trazégnies war ein wunderschöner Jüngling von etwa
dreißig Jahren, eine elegante Erscheinung, mit adligen Ma-
nieren, nach der neuesten Mode gekleidet, genau das Richtige für das Brigantenleben.

Als er sich der Bande Chiavones anschloß, trug er einen
eleganten Jagdanzug und war mit einem Revolver, einem
Dolch und einem erstklassigen Karabiner bewaffnet.

An den Aktivitäten der Bande beteiligte er sich ohne Enga-
gement und wurde bald gefangengenommen und erschossen.

Man sagt, daß Chiavone ihn verraten habe, um den Auf-
passer loszuwerden.

An seiner Stelle kam ein spanischer Offizier namens Tristany, der zusammen mit Borjes in Katalanien gekämpft hatte.

Er war 42 Jahre alt und wird als kräftig, resolut, intelligent,
überzeugt, stark, groß, mit dichtem Schnurrbart und lebhaf-
ten Augen beschrieben.

Einem solchen Mann war Chiavone nicht gewachsen. Als er
sich weigerte, Tristany anzuerkennen, ließ dieser ihn kurzerhand umbringen und spurlos verschwinden.

Doch bald zeigte sich, daß es ohne Chiavone nicht ging.

Die Bevölkerung von Sora und Umgebung verehrte den
Briganten und wollte ihren Chiavone wieder haben.

Die meisten glaubten, daß er noch lebe und nur abgesetzt
worden sei.

Ohne Chiavone hatte die ganze Aufstandsbewegung im Gebiet von Sora keinen Anhang.

Tristany wählte deshalb einen Briganten aus, der Chiavone ähnelte und ließ ihn pro forma die Stelle des Brigantenführers einnehmen.

Der neue Chiavone war ein großer Spitzbube, ohne Namen und ohne Ruf, weshalb Tristany ihm den Posten auch verschafft hatte.

Aber auch der neue Chiavone wollte nicht nach Tristanys Pfeife tanzen. Die zwei Kuriere, die das päpstlich-bourbonische Komitee aus Rom sandte, um ihn an seine Pflichten zu erinnern, ließ er kurzerhand umbringen.

Tristany mußte den störrischen Brigantenführer deshalb zum zweiten Mal ermorden, und abermals verschwand Chiavone spurlos.

Eines Tages wurde ein gefangener Brigant nach Sora gebracht und erzählte, er habe Chiavone tot, mit einem Ziegenfell bedeckt und zusammen mit zwei anderen toten Briganten, in einer Schlucht liegen gesehen.

Alle drei habe Tristany umbringen lassen. Chiavone, um ihm die Führung der Bande zu entreißen, die zwei anderen, weil sie gestohlen hatten.

Zu dem Zeitpunkt war Chiavone schon unsterblich.

Luigi Alonzi, genannt Chiavone   *Tristany*

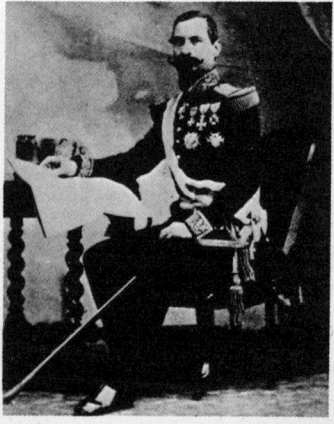

Sechstes Kapitel: Ein Haufen Knochen

1 Schwierigkeiten der Brigantenbekämpfung

Schon die Landschaft begünstigte die Briganten:
Hohe und unzugängliche Berge, steile Abhänge, dichtes und undurchdringliches Gestrüpp, mächtige Urwälder, kaum Straßen und Wege, zumeist nur Saumpfade, keine Brücken, unpassierbare Flüsse, unsichere Furten, ect.
Immer wieder riefen die Generäle die Bevölkerung auf, die Briganten und ihre Sympathisanten zu denunzieren.
Auf die bekanntesten Bosse waren hohe Belohnungen ausgesetzt:
20000 Lire für den Brigantenführer Carmine Donatello Crocco.
15000 Lire für den Brigantenführer Nicola Summa Ninco Nanco.
12000 Lire für den Brigantenführer Angelantonio Masini.
Für alle anderen Brigantenführer betrug die Belohnung je 9000 Lire.
Doch diese Aufrufe führten nur zur Ergreifung weniger Briganten. Die Leute schwiegen, aus Sympathie mit den Briganten oder aus Furcht vor ihrer Rache.

Eine der Ursachen für die Schwierigkeiten der Piemontessen war, zumindest in den ersten Jahren, die Schwäche der öffentlichen Gewalt.
Von Juni 1860 bis April 1861 gab es im Süden praktisch keine Obrigkeit. Selbst in den Monaten Juli und August 1860, als Franz II. von Bourbon noch in Neapel war, gab es niemand mehr, der regieren wollte oder konnte.
Der bevorstehende Umbruch lähmte alle Kräfte.
Der Aufbau einer neuen öffentlichen Gewalt nach dem Umbruch ging langsam voran.
Die Armee tat, was sie konnte, aber auch sie hatte mit inneren Schwierigkeiten zu kämpfen. Es gibt viele Zeugnisse von Offizieren, die es nur schwer mit ihrer Berufsehre vereinbaren konnten, dort unten den »sbirren«, den »Bullen«, zu spielen.

PROVINCIA DI BASILICATA

COMMISSIONE PROVINCIALE
PER LA REPRESSIONE DEL BRIGANTAGGIO
E PER LA
DISTRIBUZIONE DEL FONDO RACCOLTO DALLA SOSCRIZIONE NAZIONALE

La Commissione, nella tornata del 14 andante, ha deliberato che saranno concessi i seguenti premii a coloro che assicureranno in un modo qualunque alla giustizia i sottonotati Capo-briganti che infestano la Basilicata:

1. Un premio di lire 20,000:00 pel Capo-banda CARMINE DONATELLO CROCCO.

2. Un premio di lire 15,000:00 pel Capo-banda GIUSEPPE NICOLA SUMMA NINCO-NANCO.

3. Un premio di lire 12,000:00 pel Capo-banda ANGELANTONIO MASINI.

I suddetti premii saranno pagati in pronti contanti dal Cassiere della Commissione in vista del servizio prestato.

Per gli altri Capo-briganti resta fermo il premio di lire 9,000:00 promesso col manifesto del 19 Gennaio 1864.

Potenza 15 Febbraio 1864.

Visto
IL Prefetto
VEGLIO.

Tipografia Santarelli

Il Presidente
CAV. PASQUALE CICCOTTI.
Il Segretario
G. M. ROSSI.

Drei Jahre nach dem Einmarsch der Piemontesen im Süden hatte der Brigantenkrieg nichts von seiner Grausamkeit und Heftigkeit eingebüßt.

In seiner Parlamentsrede am 31. Juli 1863 erklärte der Abgeordnete Miceli:

Bedenken Sie, daß in den Südprovinzen seit drei Jahren ein System der schwersten Unterdrückung existiert. Die politischen und militärischen Dienststellen haben bis jetzt grenzenlose finanzielle Mittel erhalten. Dennoch müssen wir feststellen, daß nichts erreicht worden ist.

2 Chronik eines Monats

Jede Reise im Süden war ein Abenteuer.

Ein Veteran, der von Neapel nach Melfi reisen wollte, mußte in Potenza fünf oder sechs Tage warten, bis ein Bataillon Infanterie nach Melfi in Marsch gesetzt wurde, um die dortigen Truppen abzulösen. Allein oder mit mehreren Personen in einer Kutsche zu reisen, wäre zu gefährlich gewesen.

Am ersten Reisetag passierte nichts.

Als sie sich am zweiten Tag dem Wald von Lagopesole näherten, griffen die Briganten an.

Sie waren eine kompakte, schwarze Masse, alle zu Pferde, schreibt der Veteran, *und sie kamen immer näher und schossen fortgesetzt.*

Mit ihm reiste ein reicher älterer Herr namens De Martinis. Über ihn schreibt er:

Dem armen De Martinis brach der kalte Schweiß aus und er weinte, entweder wegen seiner Söhne oder wegen des großen Lösegeldes, das man von seiner Familie verlangen würde.

Über eine Stunde dauerte das Gefecht. Nach einer weiteren halben Stunde kamen die Soldaten, die die Briganten verfolgt hatten, zurück.

Sie hatten etwa 20 Pferde erbeutet und schleppten acht dreckige, struppige, abgerissene Männer mit sich, die blutüberströmt waren und einen finsteren und schreckenerregenden Eindruck machen.

Sechs der Männer waren verletzt und wurden mehr geschleift, als daß sie gingen. Zwei von ihnen waren höchstens 15 oder 16 Jahre alt.

Die Offiziere bildeten einen Kreis um ihren Major und gestikulierten heftig.

Nach einer halben Stunden läßt der Major antreten, bildet ein Kommando, läßt auch die acht Gefangenen Aufstellung nehmen, senkt den Säbel und dann ertönt eine heftige Detonation.

Die toten Briganten bleiben liegen, das Bataillon marschiert weiter.

Vorfälle wie dieser waren im Sommer 1863 an der Tagesordnung.

Eine Chronik der Ereignisse des August 1863 enthält unter anderem folgende Nachrichten:

1. August: Die Umgebung von Neapel und die Hügel von Sorrent werden von Banden beherrscht.

2. August: In Lukanien wird ein Mann entführt, die Entführer verlangen 2000 Dukaten Lösegeld.

In Ascea, Salerno, werden zwei Briganten ergriffen und erschossen. Aus dem Gefängnis von Benevento entweicht ein politischer Gefangener. Er wird wieder eingefangen und erschossen.

In Spinazzola werden drei Briganten erschossen, der älteste ist 22 Jahre alt.

3. August: Die Postkutsche Neapel-Potenza wird überfallen und ausgeraubt. In Spezzano, Kalabrien, verübt eine Bande von 25 Briganten Morde und Brandstiftungen. Bei Gioia del Colle nehmen Briganten einen piemontesischen Spion gefangen, schneiden ihm Ohren und Nase ab und lassen ihn laufen.

4. August: Die vereinigten Banden der Brigantenführer Masini und Caruso überfallen einen Gutshof bei Pietrapertosa. Elf Kaufleute, die von 30 berittenen Briganten gefangengenommen wurden, werden von einer Gendarmerieeinheit befreit. Der Hauptmann der Nationalgarde von Montescaglioso ist weiterhin in der Gewalt der Briganten.

Weitere Ereignisse am 4. August:

Aufstand in Caramanico, Abruzzen. Der Polizeioffizier Gambescia wird umgebracht.

Die Bande des Briganten Coppolone zündet bei Pomarico, Lukanien, den Gutshof eines Anhängers der Piemontesen an und bringt den Wächter um.

150

Gefechte bei Potenza, die Polizei verhaftet und erschießt zwei Briganten.

Ein politischer Gefangener flüchtet aus dem Gefängnis und wird bei San Arsenio aufgegriffen und erschossen.

Die Garnison von Taviana, Provinz Lecce, Apulien, ergreift und erschießt einen gewissen Salvatore Bello.

In Montepeloso, Lukanien, wird einem Anhänger der Piemontesen die Ernte auf dem Halm verbrannt.

6. bis 9. August: Der Pfarrer von Zanche wird aus seiner Kirche entführt und soll ein Lösegeld von 12 000 Dukaten aufbringen.

Bei Ospedaletto, Provinz Avellino, wird ein Bauer, Spion der Piemontesen, von Briganten ergriffen. Sie schneiden ihm die Zunge ab und töten ihn.

Gefecht bei Mognano, Provinz Terra di Lavoro (Abruzzen), ein Brigant tot.

Mit Unterstützung eines Offiziers der Nationalgarde überfällt Crocco mit 150 Leuten die Umgebung von Corato, Provinz Bari (Apulien), erpreßt Lösegelder und läßt plündern.

10. bis 13. August: Bei Ruvo wird ein Gutshof überfallen. Infanterie und ein Zug der Kavallerie von Saluzzo töten vier Briganten Croccos.

Bei Ariano wird ebenfalls ein Gutshof überfallen. Zwei Briganten tot, einer verhaftet und erschossen.

In den Abruzzen wird der Brigantenführer Cacchiano erschossen.

Der Großgrundbesitzer Lombardi, der seit einem Monat von der Bande des Briganten Miseria gefangengehalten wird, kriegt die Ohren abgeschnitten, weil seine Familie nur 4160 Dukaten Lösegeld, statt der geforderten 15 000 Dukaten gezahlt hat, und wird freigelassen.   Ferner:

Im Wald von Selvapiana wird die Staatsdomäne in Brand gesteckt. Die Bande Varanelli entführt den als grausam bekannten piemontesischen Polizeibeamten Bianchi und verbrennt ihn auf seinem Feld zusammen mit der Ernte.

Der Gutshof eines gewissen Rivera bei Trani (Apulien) wird angezündet, der Gutsherr und seine Söhne werden umgebracht.

Auf Sizilien bringen Gendarmen einen Gefangenen von

Alcamo nach Trapani. Sie werden von 30 Briganten überfallen. Drei Gendarmen tot, der Gefangene frei.

Luigi Fiorelli aus Mancusa wird von einer Bande entführt. Da seine Familie die geforderten 800 Dukaten nicht schnell genug schickt, senden die Briganten ihr die abgeschnittenen Ohren des Entführten.

14. bis 17. August: 60 militärisch ausgerüstete Briganten überfallen den Ort Coreno. Ihr Anführer trägt die Rangzeichen eines Oberleutnants. Er läßt die Nationalgarde entwaffnen, verteilt die Gewehre an seine Männer und verschenkt das Mobiliar des Bürgermeisters und des Stadtkommandanten an die Armen.

Bei Rocca d'Evandro wird ein Gutshof überfallen, der Gutsherr getötet.

Der Sohn des Herrn Lapenta, eines bekannten Anhängers der Piemontesen, soll gegen ein Lösegeld von 3000 Dukaten freigelassen werden.

Die Besitztümer der Piemontesen-Freunde von Guardia Regio, Abruzzen/Molise, werden verwüstet, das Vieh abgeschlachtet.   Dasselbe in Palazzo, Lukanien.

18. August: Vier Gendarmen geraten bei Sersa, Provinz Terra di Lavoro, in einen Hinterhalt. Zwei tote, zwei Schwerverletzte. Im Wald von Petacciato, Abruzzen/Molise, halten sich mehrere Banden auf.

Gefecht bei Monticchio, Lukanien. Crocco verliert zwei Leute, 35 Pferde, Lebensmittel, Munition, Landkarten und Kleidungsstücke.

19. bis 20. August: Männer der Bande Masini ergreifen den piemontesischen Spion Cazoli bei Padula, Provinz Salerno, und erschießen ihn.

Ebenfalls bei Padula wird eine Männerleiche gefunden. Ein Zettel ist mit einem Dolch an seiner Brust befestigt. Demzufolge soll er ein Spion gewesen sein, der versprochen hatte, die Bande Tranchella für 20000 Dukaten zu verraten.

An sechs verschiedenen Orten wird je ein Brigant standrechtlich erschossen.

Polizisten verkleiden sich als Briganten, locken den Brigantenführer Paolo Serravalle in einen Hinterhalt und töten ihn. Seinen abgetrennten Kopf tragen sie im Triumphzug durch die Straßen von Potenza.

Schießereien bei Agerolo, der Brigant Amendola aus der Bande Apuzzo ist tot.

Ein Mann, der seinen Sohn ermordet hat, erhält Straffreiheit unter der Bedingung, daß er zwei Brigantenführer ermordet. Es gelingt ihm.

Die Nationalgarde von Cicitella wird in der Provinz Benevent aus dem Hinterhalt überfallen. Sie verliert alle Gefangenen, die sie bei sich hatte, und hat starke Verluste: Drei Tote, vier Verletzte.

22. August: Der Marquis von Donnaperna und andere Herrschaften kommen mit ihren Familien aus dem Urlaub am Meer bei Maratea, Lukanien, zurück. Sie haben 60 Mann Eskorte, und die Straße ist zuvor von Truppen abgeschritten worden. Im Wald von Magnao werden sie von siebzig Briganten angegriffen, die nach eineinhalb Stunden Gefecht die Oberhand behalten. Fast alle Frauen und Kinder sind verletzt, 11 Nationalgardisten tot oder verletzt, die anderen ergeben sich. Die Briganten lassen sie mit den Frauen und Kindern laufen, entführen von jeder Familie das Oberhaupt und ziehen sich in die Berge zurück. Insgesamt fordern sie ein Lösegeld von 425 000 Franken.

23. August: Am Eingang eines Gutshofes an der Straße nach Paterno (Lukanien) fragt der Leutnant einer Infanterieeinheit den Wächter, ob er Briganten gesehen habe. Die Antworten sind ausweichend. Plötzlich schreit der Wächter: »Alarm!« Schüsse fallen, der Offizier und ein Soldat fallen tot zu Boden, die anderen flüchten.

24. August: 15 Briganten und zehn Gendarmen treffen sich bei Bisaccia. Zum Glück bekommen die Gendarmen Verstärkung. Drei Briganten tot.

25. bis 29. August: Der Bürgermeister von Parco bei Palermo (Sizilien) wird von Briganten, die den Ort besetzt haben, entführt.

Vierzig Nationalgardisten aus Cusano und fünf aus Civitella kommen mit einem Oberleutnant, einem Hauptmann und einem Arzt von einem Volksfest zurück. Sie werden von der Bande Giordanos überfallen. Der Oberleutnant, der Arzt und der Hauptmann werden getötet. Letzterem schneiden die Briganten den Bart ab, da er ihn piemontesisch trägt.

Am anderen Morgen entdeckt man den Leichnam eines

Sergeanten der Nationalgarde von Cusano, vier weitere Nationalgardisten sind verschwunden. Giordanos Bande bedroht die Stadt, vergeblich wird Verstärkung angefordert. Später greifen die Briganten Calviso an, das 40 Mann Garnison hat, schlagen die Garnison in die Flucht und nehmen einen Unteroffizier gefangen, den sie jedoch nur entwaffnen und dann laufen lassen.

Gefechte auch in Prajano. Tod des Briganten Scorticaciaccio.

Noch ein Gefecht auf dem Berge Camino, Provinz Terra di Lavoro, wo 100 Nationalgardisten mit Unterstützung von Truppen und Gendarmerie 80 Briganten angreifen, die sich aufgrund ihrer exzellenten Ortskenntnis zurückziehen können, ohne einen Mann zu verlieren. Tags zuvor hatten die Briganten vier Nationalgardisten entwaffnet.

Der berühmte Brigant Michele Desiata wird verhaftet und erschossen.

Die Bande Pecola entführt bei Padula den Grundbesitzer Merola und fordert 22 000 Franken Lösegeld.

Der Brigantenführer Spinelli bringt den Bauern Rizzo aus Policastro um.

Gefecht mit der neuen Bande Giuliano bei Pietramelara.

60 Briganten der Bande Masini nehmen acht Bauern aus Brienza, Lukanien, gefangen, zünden das Haus eines gewissen Paladino an und töten vier Stuten.

Vier Briganten dringen in das Anwesen der Herren Simonelli ein, schleppen 18 Ochsen fort und verlangen 1800 Dukaten Lösegeld. Als die Soldaten kommen, ziehen sie sich zurück, nachdem sie die Tiere abgeschlachtet haben.

In Frigento zündet die Bande Galuccio den Gutshof des De Leo an.

Gefecht in Monte Cervinara, Provinz Avellino, zwischen Truppen und 60 Briganten. Drei Briganten tot, vier verletzt, die anderen flüchten, wobei sie viele Kleidungsstücke zurücklassen, darunter auch Uniformstücke.

30 bis 31. August: Ein Kapuziner, der mit den Piemontesen symphathisiert, wird bei Taranto umgebracht.

Die Stadt Galuccio, Provinz Terra di Lavoro, wird von einer großen Bande angegriffen. Die Garnison zieht sich nach zweistündigem Gefecht zurück. Ein Toter und drei Verletzte. Die Briganten kehren erst in die Berge zurück, nachdem sie die piemontesischen Symbole beseitigt haben.

Der Herr Giacomo Tancredi wird auf seinem Gut in Stigliano, Lukanien, umgebracht.

Die Bande des Briganten Rosanova befreit die Stadt Acri, (Kalabrien) 15 000 Einwohner, und setzt zehn Honoratioren fest, die gegen Zahlung hoher Lösegelder wieder freigelassen werden. Die Familie Falconi zahlt 1300 Dukaten und gibt ihren gesamten Silberschmuck her, um ein Familienmitglied loszukaufen.

Die Soldaten kommen, jagen die Briganten aus der Stadt, beschlagnahmen Geld und Schmuck und weigern sich, die Sachen der Familie zurückzugeben.

Die Falconis beschweren sich beim Präfekten und dieser erklärt: »Auf Befehl des Generals gehört die Beute der Truppe.«

Eine neapoletanische Zeitung nennt dieses Vorgehen des Militärs: »Doppelbrigantentum«.

3 Eskalation des Schreckens

Die Piemontesen verfolgten, wie das Beispiel der Orte Casalduni und Pontelandolfo zeigt, schon in der ersten Phase der Brigantenbekämpfung die Strategie, durch Terror die Bevölkerung und etwaige Sympathisanten der Briganten einzuschüchtern und den Feind dadurch zu isolieren. Erschießungen ohne Gerichtsverfahren und öffentliche Zurschaustellung toter Rebellen sollten die Briganten veranlassen, sich zu ergeben, und potentielle Briganten daran hindern, sich den Freischärlern anzuschließen.

Bereits am 20. November 1861, also kaum ein Jahr nach dem Beginn der Aufstände, behauptete der Abgeordnete Francesco Proto Fürst von Maddaloni, die Piemontesen hätten 20 000 Süditaliener umgebracht, teils im Gefecht, teils nach der Gefangennahme.

13 Ortschaften seien von piemontesischer Truppe geplündert und in Brand gesteckt worden, weil sie sich an Aufständen beteiligt und Briganten freundschaftlich empfangen hätten.

Als besonders grausam galt ein gewisser Oberst Fumel.
Er war eigenmächtig, behielt jedoch sein Kommando auch
noch, als bekannt wurde, daß er seine Macht mißbrauchte.
Er hatte nur einige Kompanien Nationalgarde zur Verfügung, doch beschäftigte sich mit ihm sogar das Parlament in
seiner Sitzung vom 18. April 1863.
Er rühmte sich, mehr als 300 Briganten erschossen zu haben
und wurde von einem Teil der Presse noch dafür gelobt.

Die Obersten Fumel waren überall.
Auf den Feldern wurden alle Bauten und Gehöfte, in den
Städten sämtliche Tavernen, die den Briganten als Schlupf-
winkel dienen konnten, einfach abgebrannt.
Es kam soweit, daß die piemontesische Truppe auf jeden
schoß, der eine Lederweste trug und Bauern und Hirten
nach Einbruch der Dunkelheit nicht mehr außerhalb ge-
schlossener Ortschaften herumlaufen durften. Wer die An-
ordnung verletzte, wurde ohne Warnung erschossen.
Man hat in Süditalien ein Blutsystem errichtet!, erklärte der
Abgeordnete Bixio unter dem Beifall der Linken in der
Parlamentsdebatte am 18. April 1863.

Giuseppe Pica

Oberst Fumel

Es war ein System, das ständig neu hervorbrachte, was es zu
bekämpfen vorgab. Zwar starben viele der besten Briganten
schon in den ersten zwei Jahren. Doch ebensoviele Südita-

liener ließ der piemontesische Terror erst zu Briganten werden.

Die Hilfe, die wir von der Bevölkerung bekamen, schreibt Crocco in seiner Autobiographie, *war eine Folge des Hasses, den die Bevölkerung gegen die Piemontesen entwickelte, nicht zuletzt wegen des »Pica«-Gesetzes und der verächtlichen Art und Weise, mit der die Offiziere das Volk behandelten.*

Pica, Giuseppe, war der Abgeordnete, der das berüchtigte Gesetz zur Bekämpfung des Brigantentums einbrachte, das am 31. Juli 1863 debattiert und gegen die Stimmen der Opposition verabschiedet wurde.

Es fixierte im wesentlichen die Terrormethoden, die sich bereits als ungeeignet zur Bekämpfung des Brigantentums erwiesen hatten.

Bis hierher können wir vier Stufen der Eskalation des Terrors feststellen:

1. Stufe: Unkluge Maßnahmen der neuen Machthaber führen zur

2. Stufe: Brigantenarmeen und Volk wenden sich offen gegen die neuen Machthaber. Diese reagieren darauf mit der

3. Stufe: Dem Terror. Dieser wiederum führt zur

4. Stufe: Trotz der erheblichen Verluste können die Brigantenarmeen zunächst ihre Stärke halten, da sie weiterhin erheblichen Zulauf haben; die Aufstandsbewegung setzt sich fort.

Darauf reagieren die Piemontesen mit einer fünften Stufe der Eskalation des Terrors, der zugleich ihrer Kontrolle zu entgleiten beginnt.

Der oppositionelle Parlamentarier Francesco Proto Fürst von Maddaloni sagt in seiner bereits zitierten Rede über die Piemontesen im Mezzogiorno:

Sie, die die Schuld daran hatten, daß die Aufstände entstanden und sich ausbreiteten, glaubten, ihrer durch Terror Herr zu werden, und durch den Terror entwickelten sich die Aufstände, und so wurde auch die piemontesische Armee korrumpiert, die sich schließlich unter dem Vorwand der Bürgerkriegsführung zu Grausamkeiten, Plünderungen und Racheakten hinreißen ließ.

Toter Brigant Napolitano und der Bersagliero, der ihn erschossen hat

4 Die Vorteile der Hysterie für den Unternehmer

Die allgemeine Briganten-Hysterie öffnete nicht nur dem privaten Denunziantentum Tür und Tor.
Sie fand auch als Werkzeug der Unternehmer zur Maßregelung und Unterdrückung ihrer Arbeiter Verwendung, worin eine deutliche Parallele zur heutigen Situation in der Bundesrepublik liegt, wo ja auch unter dem Vorwand der Anarchistenbekämpfung jegliche relevante Opposition ausgeschaltet werden soll.

Im Gebiet von Sora hatten sich die Arbeiter einer Papierfabrik am 9. August 1861 an einem Aufstand beteiligt, der angeblich von der Bande des Briganten Chiavone unterstützt worden war. In mühsamer Ermittlungsarbeit gelang es Generalmajor Zanzi, die Namen von 20 Arbeitern festzustellen, die in Verdacht standen, an der Rebellion teilgenommen zu haben.

Ihre Ergreifung war schwierig, da die Papierfabrik rund um die Uhr arbeitete und nur alle zwölf Stunden, nachmittags und morgens um fünf, ein Schichtwechsel stattfand.
Er mußte also versuchen, beide Schichten gleichzeitig zu erfassen.
Das gelang ihm mit einem Trick. Er ließ die gesamte Fabrik unauffällig umstellen, wobei er die Eingangsseite freiließ.
Hier befand sich ein Lebensmittelkiosk, an dem sich die Arbeiter vor der Schicht zu versammeln pflegten und auf den Schichtwechsel warteten.
Als die ganze Wechselschicht beisammen war, ließ er auch die Eingangseite im Sturmangriff schließen und trieb die wartenden Arbeiter in die Fabrik hinein. Wer Gegenwehr leistete oder sich weigerte, wurde mit der flachen Seite des Säbels hineingeprügelt. Dann befahl er seinem Feldwebel, rasch ein Kommando zusammenzustellen und in die Fabrik zu kommen, während er selbst mit einigen seiner Leute sofort hineinging.

Eine Zeitlang war die Situation auf dem Fabrikhof kritisch. Zu den Arbeitern, die Zanzi hineingetrieben hatte, gesellten sich die anderen, die noch auf Schicht waren.

Sie waren offensichtlich nicht gewillt, sich der militärischen Willkür widerstandslos auszuliefern, und der Feldwebel ließ auf sich warten.

In dieser Situation übergab Zanzi dem Fabrikdirektor eine Liste mit den Namen der gesuchten Arbeiter und befahl ihm, den Arbeitern mitzuteilen, daß die Fabrik umstellt sei und jeder erschossen werde, der das Gelände zu verlassen versuche. Zur Bekräftigung hielt Zanzi den entsicherten Revolver in der einen Hand und den erhobenen Säbel in der anderen.

Nachdem der Feldwebel mit seinen Leuten eingetroffen war, begann der Direktor die Liste zu verlesen. Schon der erste, der aufgerufen wurde, machte Anstalten, sich zur Wehr zu setzen.

Mit einem Sprung war Zanzi bei ihm, drückte ihm seinen Revolver an die Schläfe und befahl den Soldaten, bei der kleinsten Bewegung zu schießen.

So konnte die Verhaftung reibungslos vonstatten gehen.

In einem anderen Fall hatte ein gewisser Jacopo Bozza Ärger mit seinen Arbeitern.

Der Mann, der einen schlechten Ruf hatte, war unter den Bourbonen Beamter gewesen und hatte die Zeitung »La Patria« (»Vaterland«) herausgegeben und redigiert.

Nach dem Umsturz hatte er, wie viele seiner Artgenossen, die Fahne gewechselt und zum Dank dafür die Konzession für eine gutgehende Fabrik in Pietrarsa erhalten.

Im Konzessionsvertrag hatte er sich verpflichten müssen, niemanden zu entlassen und die Arbeitsbedingungen beizuhalten. Dennoch nahm er Entlassungen vor und erhöhte die Zahl der täglichen Arbeitsstunden von zehn auf elf, während er den Lohn gleichzeitig von 35 auf 30 Grana pro Tag senkte.

Die Arbeiter beschlossen daraufhin, lieber nach Hause zu gehen, als diese Ungerechtigkeit hinzunehmen und verlangten ein Führungszeugnis, das ihnen jedoch verweigert wurde. Außerdem erließ Bozza eine Art Tagesbefehl, in dem er die Arbeiter beleidigte.

Einer der Arbeiter kletterte nun auf den Turm und läutete

die Glocke des Fabrikgebäudes, woraufhin alle 600 Arbeiter sich versammelten, die Arbeit hinwarfen und Sprechchöre anstimmten wie »Nieder mit Bozza« usw.

Der bekam es mit der Angst zu tun und flüchtete in panischer Hast, wobei er ohne fremdes Zutun dreimal hinfiel.

Er rannte geradewegs in die Garnison der Bersaglieri im Nachbarort Portici und forderte den Kommandanten auf, unverzüglich Truppen nach Pietrarsa zu entsenden, um Ruhe und Ordnung wiederherzustellen.

Dieser setzte eine Kompanie Bersaglieri unter dem Befehl eines Majors in Marsch.

In Pietrarsa hatte sich in der Zwischenzeit folgendes ereignet: In der Fabrik war ein ehemaliger Hauptmann der Piemontesen beschäftigt, der in der Firmenleitung eine führende Stellung bekleidete, bei den Arbeitern jedoch nicht unbeliebt war. Er überredete die Arbeiter, sich nicht zu Unüberlegtheiten hinreißen zu lassen und schlug vor, der Polizei oder der Nationalgarde die ganze Angelegenheit zu erklären.

Da Bozza den Konzessionsvertrag nicht eingehalten habe, seien die Arbeiter im Recht.

Als die Bersaglieri anrückten, öffneten die Arbeiter ihnen deshalb guten Glaubens die Fabriktore.

Zu spät erkannten sie, daß die Soldaten das Bajonett schon aufgepflanzt hatten.

Es folgte das übliche Gemetzel.

Vergeblich warf der erwähnte Hauptmann sich vor den Soldaten auf die Erde, rang die Hände und schrie sie an, sie möchten ihm Namen des piemontesischen Königs die Arbeiter verschonen.

Nach wenigen Minuten lagen fünf Arbeiter tot auf dem Fabrikhof. Zwanzig waren zum Teil schwer verletzt. Einige Arbeiter liefen ins Meer hinaus. Von ihnen wurden zwei erschossen.

Siebentes Kapitel: Wie sie starben

1 Die Leiche im Schrank

Einer der ersten großen Brigantenführer, die starben, war Vincenzo Barone aus Sant'Anastasia. Er wurde 22 Jahre alt, hatte in der bourbonischen Armee gedient und fühlte sich als bourbonischer Partisan.

Seine Bande, die vorwiegend aus Veteranen bestand, war groß und gefürchtet.

Sein Operationsgebiet waren die Berge von Somma, am Nordhang des Vesuv, keine 20 Kilometer südlich von Neapel.

An einem Dienstagabend Ende August 1861 berichtete ein Spion dem Leutnant Gaetano Negri, daß Barone sich in einem Haus in einer Siedlung unweit von Sant'Anastasia aufhalte.

Mit einem Zug Soldaten umstellte Negri das Haus und klopfte. Ein Bauer öffnete ihm.

Negri drohte, ihn sofort zu erschießen, worauf der Mann zugab, daß Barone sich in einem Zimmer im ersten Stock aufhalte.

Da der Zimmerschlüssel nicht auffindbar war, ließ Negri die Tür eintreten, wie das die Polizei heute noch tut.

Im Zimmer befanden sich ein Brigant, der Barones Adjutant war, und eine schöne, junge Frau.

Von Barone keine Spur.

Es kostete Negri nur ein Lächeln, mit dem er die übliche Drohung verband, um zu erfahren, daß Barone sich im Kleiderschrank versteckt hatte.

Seine Leute begannen die Schranktür aufzubrechen, als aus dem Schrank ein Pistolenschuß zu hören war. Die Soldaten entluden ihre Karabiner in den Schrank und warteten, bis sich der Staub und Pulverdampf verzogen hatten und es still geworden war.

Dann öffneten sie die Schranktür und ihren Blicken bot sich der Leichnam des entsetzlichen Briganten.

Bei der Durchsuchung des Barone wurden zahlreiche Briefe und Notizen gefunden, in denen viele Namen genannt wurden, und so konnten die Soldaten sich gleich daran machen, die Genannten zu verhaften. Auch diese Sitte hat sich bis heute gehalten: alle Personen, die im Notizbuch eines »Gewalttäters« gefunden werden, der Mittäterschaft zu verdächtigen.

Die Verhaftungen und Verhöre dauerten den ganzen Tag und die ganze Nacht. Leutnant Negri und der Hauptmann, dem er unterstand, bildeten das oberste Gericht und die Unteroffiziere waren die Schöffen. In der Mitte des Zimmers wurde ein großer Tisch aufgestellt, auf dem die unvermeidliche grüne Tischdecke lag, und an den Wänden, zu beiden Seiten der Tür und vor dem Raum nahmen die Soldaten Aufstellung. Es war ein richtiges, faires Verfahren. Einer nach dem anderen wurden die Verhafteten hereingeführt, und bald schon gewöhnte Negri sich an die Schläge und Erschießungsdrohungen, mit denen die Aussagen erpreßt wurden. Am Abend drauf kehrte er mit seinen Leuten nach Neapel zurück. Die Expedition war ein voller Erfolg, dessen er trotzdem nicht ganz froh wurde.

In einem Brief an seinen Vater vom 28. August 1861 schreibt er:

Ich hoffe, daß Ihr über diesen meinen wirklichkeitsgetreuen und detaillierten Bereich zufrieden sein werdet. Wer hätte das gedacht, daß ich eines Tages als Polizist enden würde, als ich mich entschloß, Offizier zu werden? Und doch ist es so: Diese meine erste Expedition riecht stark nach Polizei. Aber was will man machen? Man muß sich den Umständen anpassen und die Dinge nehmen, wie sie kommen . . .

2 Faule Tricks und krumme Sachen

An der Grenze zum Kirchenstaat, dessen Verteidigung Aufgabe der Franzosen war, ähnelte die Brigantenverfolgung oftmals einem Kuhhandel. Einen derartigen Handel beschreibt uns der piemontesische Major Guglielmo Zanzi. Eines Tages vereinbarte er mit einem französischen Leutnant eine nächtliche Expedition gegen einige Briganten, die in einer Käserei in unmittelbarer Grenznähe vermutet wurden.

Die Franzosen sollten vom Kirchenstaat her anrücken, während er von Süden angreifen wollte.

Bei der Aktion ergriffen die Franzosen fünf Briganten, die Piemontesen dagegen nur vier.

Die zwei wichtigsten Gefangenen – der Magier der Bande und der Anführer, Vincenzo Viscogliosi, genannt »der Liebhaber« – waren von den Franzosen gemacht worden.

Das Schlimme daran war, daß die Franzosen die Briganten zu lasch behandelten. Wer bei der Verhaftung keine Waffe bei sich trug und nicht gesucht wurde, wurde freigelassen.

Wer gesucht wurde oder bewaffnet war, durfte ebenfalls nicht ohne weiteres erschossen werden. Er wurde der päpstlichen Polizei überstellt und kam vor ein ordentliches Gericht.

So pingelig waren die Piemontesen nicht.

Zanzi vereinbarte mit dem französischen Leutnant deshalb einen Tausch: Den Anführer und den Magier der Bande gegen zwei unbedeutende Bandenmitglieder.

Auf diese Weise konnte »der Liebhaber« nach Castelluccio gebracht werden, wo er angeblich seine schwersten Delikte begangen hatte.

Der Liebhaber war etwa siebzig Jahre alt, aber noch kräftig, robust und tapfer. Als Major Zanzi zu ihm kam, um ihm mitzuteilen, daß er erschossen werden sollte, saß er mit den Soldaten zusammen, die ihn bewachten, und aß, was sie ihm von ihrer spärlichen Tagesration abgaben.

Zanzi fragte ihn, ob er einen Priester wünsche, doch der Liebhaber zuckte nur mit der Schulter.

Für den Transport zur Hinrichtungsstätte ließ Zanzi von der Gemeinde einen Karren zur Verfügung stellen, da er befürchtete, der Liebhaber könne den weiten Weg nicht allein schaffen. Doch der Brigantenführer lehnte das Fahrzeug ab und ging sicher und erhobenen Hauptes zu seiner Hinrichtung.

Für die Piemontesen waren diese öffentlichen Hinrichtungen wichtig, da sie sich von ihnen einen erzieherischen Effekt versprachen.

Sie reagierten deshalb stets mit Verärgerung, wenn Briganten sie um das Hinrichtungsschauspiel brachten, wie im folgenden Fall.

Es handelte sich um die Ergreifung des berühmten Brigantenführers Carbone, der sich mit seinen Leuten in einem Bauernhof aufhielt.
Das piemontesische Kommando, das ihn aufspürte, war zu klein, um die Briganten im Angriff zu überwältigen.
Unterleutnant Ricci, der den Zug anführte, griff deshalb zu einer List.
Er postierte seine Leute so als werde das Gehöft eingekreist und gab laute Befehle: »Vorwärts die 10. Kompanie! Die 12. Kompanie auf den linken Flügel!«
Sein Feldwebel, Tibaldi, rief von der entgegengesetzten Seite:
»Kavallerie nach rechts! Die elfte Kompanie auf die Rückseite!«
Gleichzeitig alarmierte Ricci die umliegenden Ortschaften und hielt mit einigen Leuten den Ausgang besetzt.

Nach einer Weile versuchten einige Briganten einen Ausfall, wurden jedoch niedergeschossen.
Gegen Mitternacht galoppieren vier Pferde aus dem Gehöft. Sie werden ebenfalls abgeschossen. Die vier Briganten, die sich unter den Pferden festgebunden hatten, geraten in Gefangenschaft.
Einen geschlossenen Ausfall wagen die anderen Briganten aus Irrtum über die Stärke der Belagerer nicht.

In den Morgenstunden kommt endlich Verstärkung: 30 Mann Infanterie aus Lavello, eine Schwadron der Kavallerie von Saluzzo aus Venosa und Nationalgarde.
Das Tor wird aufgestemmt, doch es ist kein Weiterkommen.
Einer von Riccis Leuten fällt, mehrere Soldaten werden verwundet.
Ricci läßt jetzt, wie üblich, brennende Pechfackeln auf das Dach werfen.
Nach vier Stunden ist das Gehöft völlig niedergebrannt, und die Soldaten beginnen, die Trümmer zu durchsuchen.

Sie finden nur noch ein paar Knochen.
Die Pferdeschädel weisen Schußlöcher auf.
Der Chronist des 46. Infanterieregiments – der »Brigade Reggio« –, Paolo Negri, ist sehr ungehalten.
Er schreibt:
Wir halten es nicht für heldenhaft (wie damals behauptet wurde), sich lieber verbrennen zu lassen, als sich zu ergeben. Wir nennen es Fanatismus und eine falsche Gläubigkeit.
»Wer im Kampf gegen die Feinde der Religion und unseren König Franz stirbt, schwebt ins himmlische Reich der Freuden.«
Es ist dieser uralte und unerschütterliche Glaube, der viele Briganten dazu verführt, dem Tod ohne Ehrfurcht ins Gesicht zu blicken.

3 Die letzten Stunden von Bellusci und Pinnolo

Die Haltung der piemontesischen Offiziere war verständlich: Wer es gut hat, fürchtet den Tod.
Die verarmten Massen des Südens hatten dagegen das Leben zu fürchten gelernt. Ein lukanisches Sprichwort lautete: »Hier erfährt man Barmherzigkeit erst, wenn man tot ist.«

Die beiden Briganten Bellusci und Pinnolo wurden am Morgen des 2. Januar 1865 hingerichtet.
Sie waren wie zwei Figuren aus einer Komödie von Goldoni.
Bellusci, der unter den Bourbonen gedient hatte und eine gewisse Edukation besaß, war der Herr und Pinnolo der Diener.
Bellusci ließ sich von ihm die Zigarre anzünden, die Stiefel an- und ausziehen, das Bett machen, die Stiefel putzen, und Pinnolo gehorchte.
Getreu dem Rollenspiel war Bellusci seriös, gemessen, würdig und schien zu erwarten, daß man ihn, den »Herren«, nicht einfach hinrichten, sondern begnadigen würde.
Pinnolo hingegen spielte den Zanni, wie der Spaßmacher in der venezianischen Kommödie genannt wird.
Er spottete und lachte noch am Tag vor seinem Tod bis tief

in die Nacht hinein, und als Bellusci nicht damit aufhörte, von Gnade zu phantasieren, antwortete er:

»Aber gewiß doch! Morgen wird man uns die Gnade der Kugeln zuteil werden lassen!«

Als der Beichtvater ihm von den Qualen der Hölle erzählte, fragte er:

»Warst Du schon dort? Oder woher weißt Du das alles? Schlimmer als hier kann es dort auch nicht sein.«

Bellusci bekam einen Wutanfall und schrie:

»Pinnolo! Ich habe Dich körperlich zugrunde gerichtet. Jetzt will ich nicht auch noch die Ursache für den Verlust Deiner Seele sein!

Gott lebt! Gott erwartet uns! Bereue!«

Pinnolo wurde gefragt, ob er eine Frau hinterlasse.

»Ich habe keine Frau«, antwortete er, »und deshalb kann ich getrost sterben, weil ich nicht Gefahr laufe, gehörnt zu werden!«

Bei diesen Worten wechselte Bellusci die Farbe und fragte wütend:

»Willst Du damit vielleicht sagen, daß ich gehörnt werden soll? Meine Verwandten werden schon dafür sorgen, daß meine Frau mir den schuldigen Respekt erweist!«

In der Nacht vor ihrer Hinrichtung rauchten die zwei Briganten sieben Zigarren und schliefen drei Stunden.

Pinnolo erlaubte schließlich dem Pfarrer De Vulcanis, einem Bruder der Briganten De Vulcanis, die im selben Gefängnis saßen, ihm die Beichte abzunehmen. Den Briganten De Vulcanis schenkten Bellusci und Pinnolo auch ihre Stiefel und Mäntel.

Bellusci beichtete einem Pfarrer namens Luigi Santelli.

»Heiliger Vater«, sagte er, »ich habe in den Bergen von Bonifatio (Kalabrien) dreihundert Gulden versteckt. Ich erkläre Euch, wie Ihr sie finden könnt, und Ihr lest mir dafür soviele heilige Messen wie möglich.«

»Das kann ich nicht annehmen«, antwortete der Pater.

Darauf Bellusci:

»Wenn Ihr das Geld nicht annehmen könnt, dann verteilt es an die Kranken des Hospitals, dessen Kaplan Ihr seid.«

»Auch das ist nicht möglich. Das gestohlene Gut muß den Eigentümern zurückgegeben werden.«

Wenn das so ist, bitte ich Euch, das Versteck den Herren Antonucci, Diodati und Romito zu verraten, denn es ist mein Anteil an dem Lösegeld, das wir für ihre Freilassung bekommen haben.«

Auf dem Weg zur Hinrichtung gingen Bellusci und Pinnolo nicht wie üblich. Sie liefen und rannten immer schneller, so daß die Wachen Mühe hatten, mitzukommen und die Priester außer Atem gerieten und nicht mitkamen.

Die Hinrichtung fand neben einer Kirche statt.

Bellusci sagte zu einem der Pfarrer:

»Pater, ich möchte an der Mauer dieser Kirche erschossen werden.«

»Das ist nicht möglich.«

»Dann möchte ich mich wenigstens noch einmal niederknien.«

»Das hängt nicht von mir ab.«

Bellusci war sofort tot. Pinnolo fiel zu Boden, redete aber noch mit sich selbst. Er erhielt den Gnadenschuß.

Nach der Hinrichtung lief sofort viel Volk zu den Toten und sammelte die Kugeln auf.

Die Piemontesen verstanden das nicht und dachten, die Leute wollten die Kugeln als Andenken verkaufen.

Sie irrten sich.

Es ist ein alter Volksglaube in Kalabrien, daß die Kugel, die die Brust eines zum Tode Verurteilten durchbohrt hat, ein unfehlbares Mittel zur Heilung von Koliken ist.

Man muß das Geschoß nur an einem Faden über dem Bauch pendeln lassen.

4 Der grausame Tod des Briganten Coppa

Aus der Biographie des Brigantenführers Carmine Donatello Crocco:

Als wir bis Montemilono gekommen waren, verließ mich Summo Giuseppe, genannt Ninco Nanco, und kehrte in seine Berge zurück, und auch Coppa Giovanni wollte in seine

Berge zurückgehen und hoffte, wieder ein solches Glück zu haben wie im Vorjahr, doch das war nicht der Fall, denn die Bewohner von San Fele hatten sich anders besonnen und hatten bei den großen Bauernhöfen starke Truppen aufgestellt, um die bevorstehende Ernte zu sichern, aber das wäre nicht so schlimm gewesen, wenn sie nicht auch in den Bergen eine große Patrouille stationiert gehabt hätten, die Coppa, kaum daß sie von seiner Ankunft erfuhren, schon die erste Lektion erteilten als Willkommensgruß.

Er versuchte, sich freizukämpfen, doch dabei verbohrte er sich immer mehr, bis die Genossen anfingen, er solle doch aufhören, mit der Truppe zu kämpfen und sich und die andern verstecken, ein Teil hier, ein Teil da, wie es die anderen Banden machten, doch er wollte nichts davon wissen, so daß ein Teil desertierte, ein Teil den Befehl verweigerte, als eines Tages wieder eine Kompanie vorbeizog und nicht einmal Anstalten machte, ihn anzugreifen, er aber bestand darauf und sagte, in Ordnung, wer mit mir kommen will, komme mit mir und wer nicht, der mag ruhig hierbleiben, doch was mich betrifft, ich will mich totschießen lassen, weil ich es satt habe, wie ein Feigling zu leben, und dabei sprang er in den Sattel, aber die Genossen sprangen ebenfalls auf und warfen sich mit Vehemenz auf die feindliche Kompanie, um der erwähnten Feigheit zu entfliehen, die Sache ging gut aus, doch sein letztes Stündchen hatte schon geschlagen, weil einer seiner Leute getötet wurde und zwei verletzt, jetzt war ein Bruder des Getöteten am Leben geblieben, der über seinen Bruder weinte, doch dann beruhigten ihn die Genossen wieder, und er begann Holz zu sammeln, um den Leichnam seines toten Bruders zu verbrennen, und als er ihn ganz und gar zu Asche verbrannt hatte, zogen sie in ein völlig unzugängliches Gebirge, wo er fortgesetzt weinte, und die Genossen versuchten ihn zu trösten, doch er antwortete nur, was nutzt es mir zu leben ohne meinen Bruder, bringt mich um und sagt meiner Mutter, daß wir zusammen gefallen sind, darauf antwortete Coppa, wovor fürchtest du dich, du möchtest von einem von uns umgebracht werden, es gibt soviele nette Mädchen, iß erst mal was Ordentliches, danach schauen wir mal, ob wir eine schöne Gastwirtschaft finden, du machst dir Gedanken über den Tod deines Bruders, sprich dich aus, vielleicht ist er in einen Hinterhalt geraten, oder es war eine verirrte Kugel, so ist es eben, das Leben eines Briganten.

»Ja, aber er hat den Tod nicht gesucht, schon die Natur sagt, man muß die Gefahr meiden, wenn der Tod dann trotzdem kommt, Geduld, wenn du ihn nicht gezwungen hättest, wäre mein Bruder jetzt hier und ich bräuchte nicht zu weinen, aber nachdem du mit dem Polizeikommissar anfangen mußtest und mußtest den Hauptmann umbringen, das war unser Ruin, denn wo sind unsere Genossen alle, sie wären doch hier, wenn du nicht mit diesen Scherzen angefangen hättest, und dann wirfst du uns Feigheit vor, wenn wir deine Späße nicht mitmachen wollen.«

»Nun gut, wenn ihr glaubt, ich sei schuld an all eurem Unglück, dann gebt mir, was ich verdient habe, und ich will euch in Ruhe lassen, sprecht, wenn ihr es zufrieden seid.«
»Laßt uns aufhören mit der Uneinigkeit, die Sache ist passiert, also Geduld, und in Zukunft müssen wir besser aufpassen.«
»Also dann bleibe ich bei euch oder ich gehe meiner Wege und kümmere mich um meine eigenen Sachen, was sagst du jetzt, du Dummkopf?«

»Ich sage«, und damit gibt er einen Schuß auf ihn ab und dann noch einen, und Giovanni Coppa fällt zu Boden, doch dann erhebt er sich wieder und reißt seinem Gegner mit einem einzigen Schuß die Schädeldecke vom Kopf, die 28 Genossen weinten und liefen einer nach dem anderen zu Coppa, um zu sehen, ob sie ihn noch retten konnten, und »Es ist nichts«, sagte er »Nichts, aber gebt mir einen Schluck Wasser«, er trank und sagte »Nichts«, dann bat er sie, ihn zu mir zu bringen, was sie auch mit großer Fürsorglichkeit taten.

Am nächsten Tag, das heißt im Morgengrauen, übergaben mir seine Leute den Verletzten, der kaum sprechen konnte, mich aber erkannte, ich ließ mir in seinem Beisein die ganze Geschichte erzählen, und als wir alles gehört hatten, fragte ich ihn, ob es so gewesen sei, und er nickte mit dem Kopf, »Ja«,

ich fragte ihn, ob er Rache wolle, er schüttelte den Kopf,
»Nein«, nochmals »Nein«, schließlich starb er, 24 Stunden,
nachdem er die Schüsse bekommen hatte, hauchte er seinen
Atem aus, ich fühlte seinen Puls und stellte fest, daß er nicht
mehr schlug, zog ihm die Sachen aus, verschloß seine Augen,
säuberte seine Wunden, wusch seinen Körper, trocknete ihn
ab, zog ihm ein Leinenhemd über, Strümpfe, einen Kragen,
kämmte sorgfältig sein Haar und legte ihn auf ein Tuch, mit
dem ich ihn auch zudeckte und ließ ihn schlafen.

In der Nacht suchte ich einen geeigneten Ort, zeichnete die
Grabstelle an und dann hoben sechs seiner treuesten Leute
das Grab aus.
Sobald es tagte, gingen wir abermals hin, um den Toten zu
beweinen, er schlief in völliger Ruhe, wir hoben ihn auf, ganz
zärtlich, zärtlich und stellten ihn auf die Beine, er hielt sich
vortrefflich.
»Geh, Giovanni, geh deinen letzten Gang, deine Zukunft ist
schön und gesichert, hab keine Angst mehr, du hast alles
bezahlt, dir bleibt nur die Schuld gegenüber der altehrwür-
digen Mutter, geh zu ihr, sie erwartet dich in Frieden.«
Dann hoben wir ihn auf, ohne ihn zu bewegen und trugen ihn
zu dem vorbereiteten Grab. Hier wickelten wir ihn in zwei
Tücher und senkten ihn vorsichtig hinab, zerbrachen alle
seine Waffen und warfen sie hinterher, ebenso seine Sporen
und das Zaumzeug seines Pferdes, bedeckten ihn mit Erde
und verwischten auch noch die kleinste Spur seines Grabes.

5 Eifersucht, Liebe und Tod

Giuseppe Schiavone, bekannter Brigantenführer, 34 Jahre
alt, aus Sankt Agata, Sohn des Gennaro und der Carmina
Moresta, wurde von seiner Geliebten, Rosa Giuliani, verraten.
Aus Eifersucht erschien sie eines Tages beim Delegierten
von Candela, Herrn Marchetti, und berichtete, Schiavone
werde sich in der Nacht vom 25. auf den 26. November auf
dem Gutshof des Herrn Vassallo aufhalten.
Marchetti alarmierte sofort den Major Rossi, der den Befehl

Giuseppe Schiavone

gab, den Briganten durch eine Kompanie Bersaglieri unter dem Kommando des Hauptmanns Molinati ausheben zu lassen. Zur Unterstützung gab er Molinati eine Schwadron der Kavallerie von Lucca mit.

Ein Unwetter tobte, während die Truppe das Gehöft umzingelte. Vergebens versuchten die Briganten zu fliehen, sie wurden alle fünf verhaftet.

Am Morgen des 28. November 1864 wurden sie in Melfi von einem Militärgericht zum Tode verurteilt.

Die Vollstreckung war auf den 29. November angesetzt, doch zuvor gab es noch einen denkwürdigen Zwischenfall. Schiavone hatte die Rosa Giuliani nämlich wegen eines

Filomena Pennacchio

jungen Mädchens namens Filomena Pennacchio sitzenge-
lassen.

Die Pennacchio, stammte aus einer begüterten Familie, und
Schiavone hatte sie entführen lassen, um ein Lösegeld zu
erpressen.

Aber die Pennacchio verliebte sich in ihn und er sich in sie
und eines Tages war sie schwanger.

Nun war das Biwak der Briganten kaum der richtige Ort für
eine Niederkunft, doch Schiavone wußte Rat.

Er hatte in Melfi eine Vertraute, eine gewisse Angiola Bat-
tista Prato, und die war Hebamme.

Und da sie die einzige Hebamme von Melfi war und schon

die halbe Stadt auf die Welt gebracht hatte, genoß sie einen tadellosen Ruf, und niemand hätte vermutet, daß diese gut beleumundete Frau Beziehungen zu Briganten hatte.

Zu ihr also brachte Schiavone die Schwangere eines Tages, im Schutz der Nacht. Die Hebamme, eine kluge und lebhafte Frau von gewaltiger Körperfülle, zögerte nicht.
Schiavone zahlte ihr eine happige Miete, und da die Hebamme den Schutz der höchstgestellten Herrschaften genoß, war das Risiko der Entdeckung gering.
Als aber nun die Hinrichtung unmittelbar bevorstand, verlangte es den Briganten sehnlichst nach seiner Geliebten, und er versprach dem Stadtkommandaten, das Versteck von Filomena zu verraten, wenn er sie dafür noch einmal umarmen dürfte. Die Bitte wurde ihm gewährt, Schiavone nannte sehr zum Erstaunen der Obrigkeit Namen und Adresse der Hebamme, das Haus wurde umstellt und durchsucht, und in dem bezeichneten Zimmer fand man tatsächlich das entführte Fräulein.

Das Wiedersehen der beiden Verliebten war ergreifend, wiewohl es in aller Öffentlichkeit stattfand. Der Brigant kniete vor der Hochschwangeren nieder, küßte ihre Haare, ihr Gesicht, ihre Hände und sogar ihre Füße, nahm sie in seine kräftigen Arme und preßte sie an sich, bat sie wieder und wieder um Verzeihung und gab ihr schließlich einen letzten Kuß.
Dann trennten sich ihre Wege, und von dem Fräulein hörte man nie wieder etwas.
Schiavone dagegen wurde zur Hinrichtung geführt. Vor dem Verlassen des Gefängnisses bat er noch um eine Zigarre.
Zu dem Offizier, der das Erschießungskommando leitete, sagte er:
»Bitte seien Sie so gut. Von hier bis Morticelli (wo die Erschießung stattfinden sollte) habe ich gerade noch Zeit, eine Zigarre zu rauchen.«
Vorweg schritten drei Soldaten, die langsam und schwer ihre Trommeln schlugen. Ihnen folgte Schiavone, dahinter gingen seine verurteilten Genossen.
Sie überquerten den Marktplatz von Melfi, wo er drei Jahre zuvor, zusammen mit Crocco, Ninco Nanco, Caruso und

anderen Brigantenführern, im April 1861 seinen größten Triumph errungen hatte. Um 8 Uhr 45 erreichten sie die Hinrichtungsstätte, und um neun Uhr lagen fünf tote Briganten vor der Stadt.

Basilide del Zio wirft dem Schiavone in seiner Melfitaner Chronik die Zigarre auf dem Gang zur Hinrichtung vor und mokiert sich darüber, daß Schiavone, ebenso wie Ninco Nanco, seine letzte Kugel nicht für sich selber aufgehoben habe.

Immerhin verdanken wir del Zio aber auch die letzten Worte Schiavones, die ich bereits zitiert habe.

6 Die Jagd auf das »Schwein« Ninco Nanco

Coppas Waffenbruder, Giuseppe Nicola Somma, kurz: Peppe Cola, bekannt unter dem Namen Ninco Nanco, der Gleichgültige, oder in Dialekt: Ningo Nanghe, starb im selben Jahr wie Coppa und Schiavone, am 13. März 1864. Wer war Ninco Nanco?

Nach dem Tod: dem Volk zur Abschreckung

Crocco erzählt in seiner Autobiographie, daß die Brüder Somma am 9. Februar 1861 zu ihm kamen und baten, in seine Bande aufgenommen zu werden.

Etwa zwei Monate lang waren sie bei ihm und lernten das Handwerk des Brigantenkrieges, und Crocco wird nicht müde zu schildern, wie gut und schnell Ninco Nanco alles begriff und daß er der geborene Brigantenführer gewesen sei.

Im April 1861 übernahm Ninco Nanco eine eigene Bande und gehörte fortan neben Coppa, Schiavone und Caruso zu den bekanntesten Brigantenführern im Gebiet von Melfi.

Im Winter 1863/64 hatte er mit seiner Bande einen Großteil des Südens durchstreift: die Provinzen von Avellino, Foggia, Bari, Lecce.

Zu Beginn des Jahres 1864 waren die Banden, die in der Basilikata operierten, stark dezimiert, der Winter war verlustreich gewesen, und nur die Bande Ninco Nancos war noch intakt, als er im Frühjahr 1864 in die Basilikata zurückkehrte.

Im Gebiet von Avigliano, unweit von Potenza, der Hauptstadt der Basilikata, mußte Ninco Nanco sich zwei Leuten aus Avigliano anvertrauen, da er ortsunkundig war. Die beiden behaupteten, aus der Stadt geflüchtet zu sein, und führten Ninco Nanco im Dunkel der Nacht auf einen Gutshof, der dem Hauptmann der Nationalgarde von Avigliano gehörte.

Ninco Nanco brauche sich keine Sorgen zu machen, erklärten sie, der Hauptmann sei ein guter Kerl, der sich nicht groß um die Briganten kümmere und fast nie hierher zu seinem Besitz komme, und wenn er doch käme, würden sie die Briganten rechtzeitig benachrichtigen.

Das Gehöft schien als Unterkunft hervorragend geeignet, sowohl für die Briganten, als auch für die Pferde, und es fehlte an nichts.

Erst am nächsten Morgen sah der Brigantenführer, daß das Gehöft äußerst ungeeignet war.

Es lag am Rand eines Berges.

Keine zwei Meilen entfernt, auf dem nächsten Hügel, lag Avigliano, die Stadt, und mit einem Fernglas konnte man jede Bewegung auf dem Gehöft kontrollieren.

Das Gehöft selber hatte nur zwei schmale Ausgänge, die mit ein paar Soldaten ohne weiteres abgeriegelt werden konnten, und auch die Fluchtwege waren unzureichend.

Nach der einen Seite hin fiel das Gelände steil in den Fluß ab, der noch dazu Hochwasser führte, und auf der anderen Seite ging der Weg durch eine hohle Gasse.

Ninco Nancos erster Gedanke war, sofort aufzubrechen, aber da seine Leute erschöpft waren und es heftig schneite, beschloß er abzuwarten und gab lediglich Befehl, die Gebäude nicht zu verlassen.

Durch das Fernrohr sah er eine kleinere Truppeneinheit die Stadt verlassen, aber das war nicht weiter beunruhigend.

Später kam ein Maultierknecht aus dem Ort herüber, um nach dem Rechten zu sehen, und führte die Maulesel in großen Gruppen zur Tränke außerhalb des Gehöftes.

Da er die Briganten hätte verraten können, mußte er bleiben.

Das Verhör, das Ninco Nanco mit ihm durchführte, verlief befriedigend.

Sein Herr, der Hauptmann, habe noch im Bett gelegen und geschlafen, als er die Stadt verließ, erzählte der Maultierknecht, die Offiziere der Garnison spielten mit den Fräuleins, und der Ort sei ruhig.

Weshalb sollten die Soldaten hierherkommen?

Der Hauptmann wird doch nicht sein eigenes Gehöft angreifen, nachher wird es noch beschädigt oder geht sogar in Flammen auf.

Der Maultierknecht sprach die Wahrheit, tatsächlich ließ sich den ganzen Tag über kein Soldat blicken, aber er verschwieg das Wichtigste.

Man hatte ihn herübergeschickt, um nachzusehen, ob Briganten auf dem Gehöft waren, denn die beiden angeblichen Flüchtlinge hatten in der Stadt erzählt, sie seien Briganten begegnet.

Kehrte der Maultierknecht nicht in die Stadt zurück, so bedeutete dies, daß tatsächlich Briganten da waren.

Ging er mit jedem Maultier einzeln zur Tränke, so bedeutete dies, daß nur wenige Briganten da waren.

Führte er hingegen viele Tiere gleichzeitig zur Tränke, so waren es viele Briganten.

Er hatte viele Maulesel zur Tränke geführt, und die Herren hatten es von ihrem Balkon aus mit dem Fernrohr beobachtet.

Deshalb griffen sie nicht an.

Kaum war es dunkel, ließ der Stadthauptmann antreten, rief die Nationalgarde zusammen, rekrutierte soviele bewaffnete Bürger, wie er auftreiben konnte, und besetzte den Hohlweg zu beiden Seiten. Inzwischen hatte Ninco Nanco beschlossen, das Gehöft im Schutz der Nacht zu verlassen. Er selbst bildete mit zwei Briganten die Vorhut, das Gros führte sein Bruder Francesco. Es war eine sternklare Nacht, und der Mond erleuchtete die Landschaft.

Als sämtliche Briganten in den Hohlweg geritten waren, griffen die Aviglianer an.

Als einer der ersten wurde Francesco verletzt.

Ninco Nanco sah ihn schwanken, galoppierte zurück, nahm sein Pferd am Zügel und jagte mit ihm davon.

Nur wenige Briganten entkamen dem Massaker, darunter Ninco Nanco und sein schwerverletzter Bruder Francesco.

Am 12. März 1864 starb Francesco, und Ninco Nanco begrub ihn.

Dann schickte er einen Kurier zu Crocco, um ihn von den Vorfällen zu unterrichten und machte sich auf die Suche nach einem gewissen Nicola Carcuiso.

Dieser Nicola Carcuiso hatte früher der Bande Ninco Nancos angehört, war verletzt worden und lebte seither im Wald von Lagopesole.

Hier diente er Ninco Nanco als Verbindungsmann. Bei ihm konnte man die Post für den Brigantenführer abgeben, über ihn wurden Verabredungen vereinbart, und Ninco Nanco versorgte ihn dafür mit allem Lebensnotwendigen und gab ihm vor allem auch weiterhin einen Anteil an den Einnahmen der Bande.

Aber Carcuiso hatte in letzter Zeit daran gedacht, wieder ehrbar zu werden und den Behörden versprochen, den gefürchteten Briganten zu verraten, sobald er auftauchte. Die hohe Belohnung, die auf den Kopf des Brigantenführers ausgesetzt war, mochte dabei eine Rolle gespielt haben.

Als Ninco Nanco nun im Wald von Lagopesole auftauchte (dort, wo knapp drei Jahre zuvor alles seinen Anfang genommen hatte), schickte Carcuiso einen Freund nach Avigliano und ließ mitteilen, wo er den Briganten verstecken werde.

Die Geschichte wird von Crocco überliefert, aber sie ist nicht gesichert; Crocco behauptet weiter, die Soldaten hätten selbst nach Ninco Nancos Tod nicht gewußt, welcher Fisch ihnen da ins Netz gegangen war, auch diese Behauptung ist streitig.

Die Leute, die Ninco Nanco gefangennahmen, sagten später in der Untersuchung über den Tod des Briganten aus, sie hätten sich den Bruder des Carcuiso geholt, und nachdem er dreimal mit dem Tod bedroht worden sei, habe er zugegeben, daß einer der drei Briganten, mit denen sich sein Bruder versteckt halte, der berühmte Ninco sei.

Das habe unter den Angreifern großen Jubel ausgelöst, denn natürlich wurden auch sie an dem Kopfgeld beteiligt.

Aber lassen wir dahingestellt, ob die Aviglianer wußten, daß sie dem vielgesuchten Brigantenführer auf der Spur waren. Feststeht, daß sie die Nachricht erhielten, Briganten hätten sich in einer Feldscheune beim Wald von Lagopesole versteckt und daß die Carabinieri eiligst ein Freicorps unter dem Kommando eines Priesters namens Donato Pace aufstellen ließen. Dergleichen Aktionen waren damals an der Tagesordnung.

Allein im Gebiet von Avigliano wurden zwischen 1861 und dem März 1864 69 tatsächliche oder vermeintliche Briganten aufgespürt und so schnell wie möglich erschossen.

Auch die Nachrichten über die Gefangennahme des Brigantenführers sind widersprüchlich. Die einen behaupten, der Brigant habe sich erst ergeben, als die Scheune bereits

brannte, die anderen behaupten, es sei ohne Brandstiftung
abgegangen.

Crocco geht soweit, zu behaupten, Ninco Nanco habe den
Verrat seines Vertrauten Carcuiso in letzter Minute be-
merkt, ihn bei den Haaren gepackt, ihm den Kopf mit dem
Messer vom Hals getrennt und seinen Feinden vor die Füße
geworfen.

Donato Pace und die anderen Freiwilligen hingegen berichten nur, Carcuiso habe sich als erster ergeben und sei
verhaftet worden.

In Croccos Schilderung begeht Ninco Nanco Selbstmord,
indem er sich aus zwei Waffen mehrere Schüsse gleichzeitig
in den Kopf jagt.

Er habe schrecklich ausgesehen, behauptet Crocco, der al-
lerdings nicht dabei war, sondern erst eintraf, als der Leichnam bereits abtransportiert wurde.

Vor seinem Selbstmord habe Ninco Nanco den letzten seiner Leute aufgefordert, sich zu ergeben. Es sei ein zwanzig
Jahre alter Junge gewesen, der den Wehrdienst verweigert
hatte und sich erst kurz zuvor Ninco Nanco angeschlossen
hatte.

»Ergib dich, mein Söhnchen«, habe er gesagt, »vielleicht
kannst du damit dein Leben retten.«

Alle übrigen Chronisten und die Beteiligten selber berichten, daß Ninco Nanco unmittelbar nach seiner Gefangennahme erschossen worden sei.

Er sei aus der Scheune gekommen, habe einen Augenblick
lang wie betäubt dagestanden, in dem Augenblick sei der
Sergeant Segoni zu ihm gegangen und habe ihm Handschel-
len angelegt. Als er bereits entwaffnet und gefesselt gewesen
sei, habe ein Namensvetter des Briganten, der Schreiner
Coviello Summa Nicola, ein Nationalgardist, sein Gewehr
auf den Hals des Briganten gerichtet und ihn mit einem
Schuß getötet.

Wenn er schon gefesselt war, warum wurde er dann umgebracht?

Die eine Version lautet, der Mörder habe seinen Bruder
rächen wollen, der von Ninco Nanco getötet worden sei.

Die zweite Version ist pikanter.

Danach wurde Ninco Nanco erschossen, um nicht verhört zu werden.

Offensichtlich fürchteten einige hochgestellte Persönlichkeiten, der Brigant könnte eine Reihe interessanter Details über das Zusammenwirken zwischen Briganten und Herrschaften enthüllen.

Für die Piemontesen und ihre Anhänger war die Ermordung Ninco Nancos zweifellos ein Anlaß zum Feiern.

Nur Crocco war noch bedeutender für die Brigantenbewegung, noch bekannter und beim Volk noch beliebter als Ninco Nanco.

Als der tote Brigant am 14. März 1864 im Triumphzug nach Potenza gebracht wurde, ordnete die Stadtverwaltung Staatsfeier an, mit Feuerwerk, musikalischen Darbietungen, Wohltätigkeitsveranstaltungen, Pferderennen und Tanz.

Auf dem Platz nahm der Präfekt eine Parade der Nationalgarde von Potenza ab, und später feierte man in der Kathedrale im Beisein des gesamten Klerus einen Dankgottesdienst, bei dem die Nationalhymne gesungen wurde.

Daran anschließend nahmen Soldaten, Nationalgarde und Freiwillige wieder auf dem Platz Aufstellung, wo der Präfekt eine Rede hielt und, wie die Zeitung »Italien« berichtet, »warme und patriotische Worte fand«.

Den Ausklang bildete im Stadttheater eine Lesung vaterländischer Gedichte.

7 Crocco

Die Ergreifung und Ermordung Ninco Nancos ist das Zeichen für einen Umbruch in der Brigantenbewegung.

Die »Massenbasis« bröckelte ab.

Dieselben Leute aus dem Volk, die drei Jahre lang die Sicherheit der Briganten gewährleistet hatten, ihre Versorgungsbasis und ihr »Hinterland« waren, konnten nun auch Verräter sein.

Es war nicht die einzige Ursache für den Niedergang der Banden.

Die Vernichtung von Croccos Bande wurde im wesentlichen durch den Verrat seines alten Mitstreiters Caruso bewirkt. Crocco und die Seinen vertrauten ihm noch, als er schon lange für die Piemontesen arbeitete.

Giuseppe Caruso

Von den mehr als zweitausend Mann, die ich 1861 zur Verfügung hatte, so Crocco in seiner Autobiographie, *hatte ich 1864 noch 116. Alle mehrfach verwundet, bis zu fünfmal. 86 waren in Gefangenschaft geraten, sechzehn ermordet worden, 120 hatten sich freiwillig gestellt, und der Rest war im Kampf gefallen.*

Aber nicht nur die Banden von Crocco und der mit ihm assoziierten Brigantenführer waren 1864 stark reduziert. Bereits im November 1863 schrieb die »Campana di San Martino«, in Süditalien seien im Verlauf des Brigantenkrieges 18000 Personen hingerichtet worden. In einem Jahr hätte es allein in Neapel 14000 Verhaftungen gegeben. Andere Autoren sprechen von 10000 Hinrichtungen und 8000 Verhaftungen, während die parlamentarische Untersuchungskommission für den Zeitraum von Mai 1861 bis Februar 1863 7100 tote und verhaftete Briganten annimmt.

Die starken Verluste, ein gewisser Sympathieschwund im Volk und der Tod einiger seiner besten Freunde – Coppa, Ninco Nanco, Schiavone – veranlaßten Crocco im Jahr 1864, den ungleichen Kampf aufzugeben.

Er gelangte über Rom, Sardinien und Korsika nach Frankreich.

1867 wurde er in Marseille von der französischen Polizei verhaftet, als er mit einem päpstlichen Paß nach Algier ausreisen wollte.

Nach vielem Hin und Her zwischen der französischen und der päpstlichen Regierung wurde er nach Rom ausgeliefert, wo er mehrere Jahre lang völlig isoliert und unter schlechtesten Bedingungen in einem Gefängnis saß, das noch nicht einmal Licht hatte.

Nach der Eroberung Roms durch die Piemontesen wurde er 1871 zunächst nach Avellino und später nach Potenza gebracht, wo er ab 15. August 1872 nach endlosen Vorbereitungen vor dem Schwurgerichtshof angeklagt wurde.

Folgender Delikte wurde er für schuldig befunden:

Des vollendeten Mordes in 62 Fällen, des versuchten Mordes in 13 Fällen, der Gründung einer kriminellen Vereinigung zur Begehung von Verbrechen gegen Personen und Eigentum, der Gründung einer bewaffneten Bande und der Rädelsführerschaft, des schweren Raubes, des erpresserischen Menschenraubes in 12 Fällen sowie zweier Anschläge auf die bestehende Regierungsform. Weiter wurde er für schuldig befunden, vier Aufstände angezettelt und an ihnen teilgenommen zu haben.

Das Urteil lautete auf Todesstrafe und wurde zwei Jahre später, am 13. 9. 1874, durch einen Gnadenakt in lebenslängliche Zwangsarbeit umgewandelt.

Insgesamt 38 Jahre saß Crocco im Gefängnis, wo er viel Besuch erhielt. Er war schließlich nicht nur einer der wenigen überlebenden Brigantenführer, sondern er war der berühmteste. Noch heute fehlt sein Name in keiner Geschichte der Sozialrebellen.

Die Frage, ob er nicht lieber im Kampf gefallen wäre, als sein Leben im Gefängnis zu beschließen, verneinte er.

Der größte Schrecken, den er sich vorstellen konnte, war für ihn der Tod.

Im Gefängnis gab er mehrere Interviews, diktierte seine Autobiographie, beriet Autoren, die über das Brigantentum schrieben, und verfaßte auch Gedichte.

Eines seiner Gedichte ist ein Epitaph für ihn selber.

Theater ist für alle die Natur
und darin spielt ein jeder seine Szene.
Napoleon mit seiner Tapferkeit
starb auf der Insel von Sankt Helena.
Genauso Crocco. Einst bescheidener Hirte,
zum General befördert wurde der Brigant.
Nach langen Kämpfen voller Blut und Schrecken,
büßt im Gefängnis, was er Böses einst getan.

8 Das Ende ohne Ende

Man hat das Brigantenwesen der Jahre 1860/61 bis 1864/65
zur Unterscheidung von dem im Mezzogiorno üblichen Brigantentum gelegentlich als »Massenbrigantismus« bezeichnet.
Damit ist als charakteristisch angedeutet:
Die Unterstützung der Briganten durch die Volksmassen;
die Teilnahme der Bevölkerung an bestimmten Aktionen
der Briganten;
die Größe der Banden.

Bis zum Beginn des Brigantenkrieges hatten die Banden in
der Regel nur aus einem oder einigen wenigen Briganten
und ein paar Gefolgsleuten bestanden. Banden von der
Größe, wie sie nach dem Sturz der Bourbonen im Mezzogiorno gebildet wurden, hatte es bis dahin nur selten
gegeben.
Nach der Dezimierung der Banden in den Jahren 1864/65
und mit dem Ausscheiden der wichtigsten Führer des »Massenbrigantismus« nahm das Brigantentum wieder seine ur-
sprüngliche Gestalt an; beseitigt war das Problem nicht.

Am 20. Juni 1868 ereignete sich in der Nähe von Rossana
folgender Vorfall:
Ein Brigant namens Scoglio wollte ins nächste Dorf gehen,
um Brot zu kaufen.
Unterwegs wird er von einem Freicorps von etwa 50 Mann
umzingelt.

Zunächst befürchtet er das Schlimmste, aber dann erkennt er mehrere Männer, die früher ebenfalls Briganten waren. Er begrüßt sie mit Namen, in der Hoffnung, sie würden ihn laufenlassen, um nicht verraten zu werden.

Doch sie fordern ihn auf, sich zu stellen, und so ruft er: »Ich ergebe mich!« und reicht einem von ihnen den Revolver.

Als der Mann den Revolver ergreifen will, drückt Scoglio ab, erschießt den Mann und ruft: »So legt Scoglio die Waffen nieder!«

Eine Salve aus mehreren Gewehren ist die Folge, und tödlich getroffen fällt Scoglio zu Boden.

Einer der Freicorpsleute zieht seinen Dolch, trennt dem Briganten den Kopf vom Hals und spießt ihn auf eine lange Stange.

Im Triumph tragen sie den blutverschmierten Kopf nach Rossana. Unterwegs begegnet ihnen eine alte Frau auf einem Pferd, und sie fragen sie:

»Wer bist du?«

Die Frau antwortet:

»Ich bin die Mutter des Scoglio und will mit ihm reden. Habt Ihr ihn gesehen?«

»Ja«, antwortet der Mann, der die Stange trägt. »Wir haben ihn eben umgebracht, und das hier ist sein Kopf.«

Die Frau bittet darum, die Stange zu senken, damit sie sich den Kopf ansehen könne. Sie erkennt ihren Sohn und ruft: O, Herr im Himmel! Ich danke Dir, daß Du mich von diesem Sohn befreit hast! Jetzt kann ich beruhigt in mein Dorf zurückreiten.

Die Geschichte stammt von Enea Pasolini, von dem schon die Rede war.

Ich glaube nicht, daß sie stimmt, und auch Pasolini benutzt sie nur dazu, um abermals auf die angebliche Grausamkeit und Herzlosigkeit der Süditaliener hinzuweisen:

Was sagt man dazu? Ich, der ich nicht seine Mutter bin, der ich wahrlich nicht von Gefühlen überfließe und schon viele Tote gesehen habe, fühlte mein Blut in den Adern gerinnen, als diese Kanaille den Kopf von der Stange nahm und ihn mir unter entsetzlichem Gelächter vor die Füße warf.

Wenn Scoglio eine solche Mutter hatte, dann verstehe ich,
warum er mit 23 Jahren bereits 19 Bluttaten begangen hatte;
warum er nach der Ermordung eines Todfeindes sich mit
seinem Bruder neben dem Toten zum Essen hinsetzte, das
Brot mit dem Blut des Toten tränkte und sagte: »Jetzt erst
fühle ich mich gerächt.«

Im Gebiet von Rossana operierte auch der berüchtigte
Brigant Catalano. Er gehörte zu den Brigantenführern, die
sich am längsten halten konnten. Er begann seine Tätigkeit
etwa zur gleichen Zeit wie Ninco Nanco und die lukanischen
Brigantenführer und soll im Lauf seiner siebenjährigen Aktivität 32 Morde begangen haben.
Infolge seines Ruhmes und wegen der Kühnheit seiner Ma-
növer hielten ihn die Piemontesen für einen großen, robu-
sten, kräftigen Mann mit kühnem Blick und imponierendem
Äußeren.

Nachdem er verhaftet worden war, suchte Enea Pasolini ihn
im Gefängnis auf, um ihn zu verhören.
Die Begegnung war für ihn überraschend.
»Was?!«, rief er, »du bist Catalano?«
Der Brigantenführer antwortete bescheiden:
»Jawohl, Euer Exzellenz, der bin ich.«
Die Person, die er erblickte, beschreibt Pasolini als ein kleines Männchen, mit einer schlechten Figur, krummer Haltung und einem dümmlichen Gesichtsausdruck, ein Mensch,
der wie ein Küster aussah und sich freundlich mit ihm unterhielt, jedoch beharrlich darauf bestand, Bullenfragen nicht
zu beantworten.

Er verriet keinen Komplizen, keinen einzigen Sympathisan-
ten. Zehn Stunden lang ließ Pasolini ihn in kurze Ketten
legen, wobei Arme und Beine über Kreuz gefesselt wurden.
Catalano schwieg.
Um Mitternacht schließlich befahl Pasolini, den Briganten
auf den Friedhof zu bringen.
Im Laufschritt ging es ab, denn Pasolini war Offizier bei den
Bersaglieri.
Dort angekommen, sagte Pasolini:

186

»Ich gebe dir 15 Minuten. Wenn du sprichst, lasse ich dich am Leben. Sonst wirst du sofort erschossen.«

Nach zehn Minuten sagte Pasolini abermals:

»Noch fünf Minuten, Catalano, nenne mir einen einzigen Helfershelfer und du bist gerettet.«

Catalano schwieg.

Schließlich sagte Pasolini:

»Catalano! Noch eine Minute! Willst du reden?«

Catalano sagte:

»Nein.«

Wenige Sekunden später war er tot.

An seinen Bruder schreibt Pasolini am 13. Juli 1868:

Was für eine merkwürdige Charaktermischung. Lieber zu sterben, als einen Komplizen zu verraten. Und was ist das für ein Mann, der diese heldenhafte Tugend besitzt?

Einer, der erst unlängst eine schwangere Frau bei lebendigem Leib verbrannt hat; einer, der 24 junge Mädchen geschändet hat.

Pasolini war wie alle Piemontesen: Er glaubte jedes Gerücht.

Personen, Begriffe

Piemontesen
Die Preußen Italiens. Ursprünglich Herzöge von Savoyen, die in
Turin, der Hauptstadt des Piemont, residierten.
1720 erhielten sie im Tausch gegen Sizilien die Insel Sardinien, mit
der die sabaudische Königskrone verbunden war. Seither firmierten
die Herzöge von Savoyen als Könige von Sardinien oder sabaudi-
sche Könige. Zum Fürstentum Piemont gehörten Ligurien (die
Region von Genua) und die heutige Region Aosta.
Die Umgestaltung des piemontesischen Heeres nach preußischem
Vorbild erfolgte unter Viktor Amadeus III. (1773–1796).

Liberale
Anhänger der konstitutionellen Monarchie und des Einheitsgedan-
kens unter piemontesischer Führung. Bourgeoisie und Adel, vorwiegend in Nord- und Mittelitalien. Nach der Niederschlagung der
Revolution von 1848 blieb Piemont der einzige italienische Verfassungsstaat und wurde zum Zufluchtsort der in allen Teilen Italiens
hart verfolgten Liberalen. In der Literatur zum Brigantenkrieg wird
das Wort zumeist als Synonym für die Anhänger Piemonts gebraucht.

Reaktionäre, Reaktion
Als Reaktionäre bezeichneten die Piemontesen die Gegner der
italienischen Einigung unter ihrer Vorherrschaft. Reaktionen
nannten sie die Aufstände, die sich gegen den Anschluß Süditaliens
an ein vereinigtes Italien richteten.
Ich verwende den Ausdruck, weil er in der Literatur üblich ist und
von den Briganten selber verwendet wird, ohne damit ein Urteil
über die Frage zu verbinden, ob die italienische Einigung unter
piemontesischer Vorherrschaft ein Fortschritt und der Kampf gegen die piemontesische Einigungspolitik reaktionär war.

Bourbonen
Synonym für »Reaktionäre«. Als »Bourbonen« oder »bourbonische Elemente« bezeichneten Anhänger und Gegner Piemonts
pauschal Anhänger der gestürzten bourbonischen Dynastie und des
Papstes, d. h. die Gegner der piemontesischen Einigungspolitik.

Königreich beider Sizilien
Umfaßte Sizilien und das Festland südlich des Kirchenstaates; bis
zur italienischen Einigung 1860 von einer Seitenlinie der spanischen Bourbonen regiert. Schon die Byzantiner nannten das fest-

ländische Unteritalien: »Sizilien diesseits der Meerenge«. Der älteste Sohn Philipps V. von Spanien aus dessen zweiter Ehe mit Elisabeth Farnese von Parma, Karl, erhielt 1731 nach dem Aussterben der Farnese das Herzogtum Parma mit Piacenza als spanische Sekundogenitur (Erbanspruch des Zweitgeborenen). Er tauschte Parma 1734 oder 1735 gegen das Königreich Neapel-Sizilien ein. Als er 1759 König von Spanien wurde, trat er Neapel-Sizilien an seinen Sohn Ferdinand IV. ab. So entstand die sizilianische Linie der spanischen Bourbonen. 1799 griff die Französische Revolution auf Neapel über, das Republik wurde (sogenannte »Parthenopëische Republik«). Nach dem Wiener Kongreß kehrten die Bourbonen zurück, und Ferdinand IV. wurde als Ferdinand I. König des Königreichs beider Sizilien, wie Neapel-Sizilien von 1816 bis 1860 genannt wurde (vgl. Karte S. 26).

Kirchenstaat
Staatsgebiet unter päpstlicher Herrschaft. In der Mitte des 19. Jahrhunderts erstreckte sich der Kirchenstaat bis an den Po und umfaßte die heutigen Regionen Romagna, Marche, Umbrien, Latium und Teile der Abruzzen (vgl. Karte S. 26).
1860 wurde der Kirchenstaat auf das »Patrimonium Petri« beschränkt, das im wesentlichen das Gebiet der heutigen Region Latium umfaßte. Wenn ich von »Kirchenstaat« spreche, so ist deshalb das heutige Latium gemeint. 1870 eroberten die Piemontesen auch noch das Patrimonium Petri und Rom und beschränkten die Kirche auf die Vatikanstadt.

Bourbonische Komitees
Vereinigungen, die sich für die Wiederherstellung des »Königreichs beider Sizilien«, die Erhaltung des Kirchenstaates und die Rückkehr der spanischen Bourbonen nach Neapel einsetzten.
Im Süden arbeiteten die Komitees im »Untergrund«. Unterstützt wurden sie von den offiziellen Komitees in Rom (bis zur »Befreiung« Roms 1870), Marseille und Malta.

Briganten
Eine Mischung aus Banditen, bourbonischen Unabhängigkeitskämpfern und revolutionären Freischärlern. Vgl. vor allem das 3. Kapitel.

Banden
Brigantentruppen unter Führung eines Briganten. Manche Briganten trugen Uniformstücke, manche Banden hatten Erkennungszeichen, doch gab es keine Uniformierung. Die Bewaffnung war

schlecht, und die wenigsten hatten ein Pferd. Die Briganten bezeichneten sich selber als Banden, so daß der Ausdruck für sie nicht diskriminierend gewesen sein kann.

Bersaglieri
Reguläre Truppe, gute Läufer. »Il bersaglio« bedeutet »Ziel«. Man übersetzt »bersaglieri« deshalb am besten mit »Schützen«.

Truppe
Als »Truppe« bezeichne ich die regulären Einheiten der piemonte-sisch-italienischen Armee.

Nationalgarde
Miliz. Eine paramilitärische Freiwilligeneinheit, uniformiert und militärisch ausgerüstet, am Wohnort der Garde stationiert und ohne großen Aktionsradius. Bekämpfte Aufstände und Briganten in eigener Regie oder in Unterstützung der Truppe. Die Gardisten übten den Dienst neben ihrem bürgerlichen Beruf aus und wurden von Fall zu Fall zusammengerufen. Daneben gab es zuweilen Frei-willigen-Corps aus Anhängern der Piemontesen.

Franz II.
1836–1894, sizilianische Linie der Dynastie der spanischen Bour-bonen. Seit 1859 König beider Sizilien. Sohn Ferdinands II. von Bourbon. Wird als schwach und unentschlossen beichnet, leistete wenig Widerstand. Verließ sich irrtümlicherweise auf die Un-terstützung der Österreicher, die den Piemontesen bereits im Jahr seines Amtsantritts – 1859 – unterlagen. Schloß daraufhin einen Pakt mit Viktor Emanuel II., der jedoch nur zwei Monate dauerte (Juni und Juli 1860). Flüchtete nach der Niederlage – 1860 – nach Gaeta, nördlich von Neapel am Tyrrhenischen Meer, und von dort, nach dreimonatiger piemontesischer Belagerung über Terracina nach Rom, wo er als Gast von Papst Pius IX. bis 1870 im Palazzo Farnese residierte, in der Hoffnung auf die Rückkehr auf seinen Thron in Neapel.
1870, nach der »Befreiung« Roms durch die Piemontesen, zog er nach Paris. Er reiste viel, vor allem nach Deutschland, zu den Verwandten seiner Frau, der Bayernprinzessin Maria Sofia. Starb während der Kur in Arco in Trient, damals Südtirol.

Pius IX.
der 252. Papst. Bürgerlich: Giovanni Maria Mastai-Feretti. 1792–1878. Erzbischof von Spoleto, seit 1840 Kardinal. Führte sich mit einer Generalamnestie ein und galt als liberal, als er 1846 sein Amt antrat.

Seit der Revolution von 1848 war sein Hauptziel die Erhaltung des Kirchenstaates, den er 1860 zum größten Teil und 1870 völlig an Piemont abgeben mußte. Verbot den Katholiken zu wählen. Erließ 1854 das Dogma der unbefleckten Empfängnis. 1864 verfügte er die politische Eigengesetzlichkeit der Kirche gegenüber den modernen, religiös neutralen Staaten. Auf dem 1. Vatikanischen Konzil setzte er das Dogma von der päpstlichen Unfehlbarkeit durch. Das Wahlverbot für Katholiken wurde erst 1904 unter Pius X. aufgehoben, wodurch die Sozialisten bei der nächsten Wahl eine schwere Niederlage erlitten.

Viktor Emanuel II.
1820–1878. Piemontese aus dem Hause Savoyen (»Onkel Viktor«). Seit 1840 »König von Sardinien«. Nahm auf Beschluß des Parlaments am 17. 3. 1861 den Titel eines Königs von Italien an.

Cavour
Camillo Graf Benso di Cavour, 1810–1861. Der Bismarck Italiens. Aus piemontesischem Adelsgeschlecht. Konservativer Liberaler und Konstitutionalist unter englischem Verfassungseinfluß. Seit 1847 Mitherausgeber der Zeitschrift »Risorgimento«, die für die Einigung Italiens unter Führung des Hauses Savoyen eintrat.
In der Kammer des Königreichs Sardinien in Turin Führer der Rechten. 1850/51 mehrere Ministerämter, seit November 1852 piemontesischer Ministerpräsident. Für liberale, bürgerliche Reformen und gegen die Vorrechte der Kirche im öffentlichen Leben (»freie Kirche in einem freien Staat«). Deshalb Widersacher Pius IX. Entschiedener Gegner der sozialistischen Partei (deren Anfänge auf die 60er Jahre zurückgehen), wie alle Ministerpräsidenten vor dem Ersten Weltkrieg bis hin zu dem »Liberalen« Giolitti, der sogar den Führer der sozialistischen Partei, Mussolini, den späteren »Duce«, einsperren ließ.

Garibaldi
Giuseppe Garibaldi, 1807–1882. Abenteurer und Freiheitsheld. War zunächst piemontesischer Marineoffizier. Ging 1834 als politisch Verfolgter nach Südamerika, wo er ein abenteuerliches Leben führte. Kehrte rechtzeitig zur Revolution 1848 nach Italien zurück und kämpfte mit einem Freiwilligencorps in der Lombardei gegen Österreich. Nach Ausrufung der Republik in Rom leitete er die Verteidigung der Stadt gegen die Franzosen und flüchtete nach der Niederlage abermals nach Südamerika.
1853 durfte er zurückkehren und lebte als Landwirt auf der Insel Caprera. Aus der Zeit resultiert sein Ruf als Frauenheld. Karl Marx setzte gewisse Hoffnungen in ihn.

1860 eroberte er mit 1 000 Mann in wenigen Wochen Sizilien und große Teile von Unteritalien, indem er es verstand, die bäuerlichen Massen anzuziehen und eine große Freiwilligenarmee zu bilden.

Nach seinem historischen Treffen mit Viktor Emanuel in Teano zog er am 7.11.1860 an dessen Seite als Triumphator in Neapel ein.

Sein Verhältnis zu den piemontesischen Staatsmännern war dennoch nicht ungetrübt. Cavour und dem König verübelte er, daß sie seine Heimatstadt Nizza an die Franzosen verkauft hatten.

Cavour bediente sich seiner nur ungern, weil er diplomatische Verwicklungen befürchtete. Im italienischen Parlament hatte Garibaldi seine Anhänger auf der äußersten Linken.

Zweimal versuchte er nach 1860 vergeblich, Rom zu erobern. 1862 schlugen ihn die Piemontesen selbst zurück, da sie Rücksicht auf Napoleon III. und die französischen Katholiken nahmen. 1867 scheiterte er an den französischen Truppen im Kirchenstaat. An der Eroberung Roms, 1870, war er nicht mehr beteiligt. Dennoch errichteten ihm die Piemontesen in Rom hoch oben auf dem Gianicolo, ein kolossales Reiterstandbild. Er ging 1870 nach Frankreich, um die neue französische Republik zu unterstützen und war kurze Zeit sogar Mitglied der französischen Nationalversammlung. Solche Leute hat Deutschland nicht gehabt.